www.united-pc.eu

Erwin und Julia Hofbauer

Vegan, gluten- und nahezu zuckerfrei

Unser einfacher Weg in ein besseres sowie gesünderes (Ess-)Leben + 42 Rezeptideen

Lektorat: Ramona Lloyd

 **Illustrationen:**
Lettenbichler David
@Instagram – dabs.n.rider

Gestaltung: Erwin Hofbauer
Fotos: Erwin und Julia Hofbauer
Fotos: Seiten 91, 96, 98, 101, 102, 103, 108, 113, 117, 121 von pixabay.com
Coverbild: Erwin und Julia Hofbauer

Inhaltsverzeichnis

Wir stellen uns vor

Normalerweise stellen sich die Autoren am Ende eines Buches vor, doch wir möchten das gleich am Anfang tun. Denn dieses Buch handelt von uns, von unserem Leben und unserem Weg in ein neues Lebensgefühl. Das möchten wir mit euch teilen.

Mein Name ist Erwin Hofbauer. Ich erblickte am 15.06.1981 in Brixlegg (Tirol) das Licht der Welt und wuchs mit drei Brüdern auf. Wir wurden immer lecker bekocht und hatten eine sehr schöne Kindheit.

Nach der Hauptschule besuchte ich die Hotelfachschule in Zell am Ziller. Ich kochte leidenschaftlich gern und liebte es, in Gesundheitshotels zu arbeiten. In dieser Zeit hatte ich Anstellungen als Küchenchef, Küchenleiter und Cateringleiter.

Mehrere Burnouts veranlassten mich zu einem

Umdenken. Ich bekam die Chance, mein zweites und drittes Hobby als Beruf auszuüben und wurde zuerst freiberuflicher Sportredakteur, als der ich auch fotografieren konnte. Später bekam ich eine Anstellung als Redakteur. Außerdem beschäftigte ich mich intensiv mit dem veganen und glutenfreien Essen und begann danach zu leben. Durch diese Ernährungs- und Lebensumstellung normalisierte sich mein hoher Blutdruck. Ich schlief wieder viel besser, wurde belastungsfähiger und kaum mehr krank. Medikamente nahm ich nie ein. Außerdem reduzierte sich mein Körpergewicht deutlich, obwohl ich mehr aß als zu meinen stressigsten Arbeitszeiten.

Mit meiner Frau Julia teile ich die Liebe zum Bergsteigen, zu ausgedehnten Wanderungen, zum Kochen und zum Lesen. Ich selber liebe außerdem skitouren gehen und snowboarden.

Zusammen haben wir einen Hund, einen Malteser, namens Rocket, der mit sechs Jahren auch zum Veganer wurde. Er liebt Gemüse und Obst. Natürlich achten wir bei ihm darauf, dass er alle zusätzlich notwendigen Nährstoffe bekommt.

Im Dezember 2020 wurden wir zum ersten Mal Eltern. Unseren Sohn werden wir auch vegan ernähren. Dabei lassen wir uns ärztlich begleiten, sodass er alle Nährstoffe bekommt, die er für eine gesunde Entwicklung benötigt.

Meine Frau Julia Hofbauer wurde am 13.07.1985
in Linz (Oberösterreich) geboren. Sie hat vier
Geschwister und entstammt einer typischen
Patchworkfamilie. Ja, da war immer was los, wie
ihr euch denken könnt.
Schon als kleines Mädchen wollte sie
Krankenschwester werden und so kam es auch.
2005 erhielt Julia ihr Diplom zur Gesundheits- und
Krankenschwester, nur um sieben Jahre später
völlig traurig und enttäuscht diese wunderbare
Berufung an den Nagel hängen zu müssen.
Warum? Die Haut an ihren Händen hatte sich zum
Teil vollkommen abgelöst. Sie war nicht einmal
mehr in der Lage, sich selbst zu pflegen. Sie
rannte von Arzt zu Arzt, was in ihrer beruflichen
Umgebung ja kein Problem darstellte. Es wurde
eine Duftstoffallergie festgestellt. „Okay, lassen wir
Duftstoffe einfach weg und alles ist gut", dachte sie
sich. Dem war leider nicht so. Jahrelang suchte
Julia Rat bei unzähligen Ärzten, ohne dass ihr
jemand helfen konnte. Sie bekam sogar eine Salbe
verschrieben, die als zweiten Inhaltsstoff Parfüm

enthielt, und Tabletten, von denen bekannt war, dass sie Frauen unfruchtbar machten. Ihr Vertrauen in die Medizin war verloren.

Also Jobwechsel, so wenig Wasserkontakt wie möglich, damit die Haut nicht zu sehr austrocknet, und hoffen, dass alles gut wird. Es wurde auch besser, aber immer wieder kamen Schübe mit nässenden Blasen und Hautablederung, ohne dass Julia wusste, woher.

Dann lernten wir uns kennen. Ich öffnete ihr die Augen und meinte, dass diese Allergie, aber auch die Blähungen, Bauchkrämpfe und Durchfälle nicht normal seien und so nahm alles seinen Lauf.

Jenen Lauf, den ihr im vorliegenden Buch nachlesen könnt. Nur so viel: Durch eine Ernährungsumstellung und mithilfe der besten Kräuterhexe übt Julia heute wieder den Beruf aus, den sie von ganzem Herzen liebt.

Was Julia in den letzten Jahren gelernt hat und was sie jedem von euch mitgeben möchte, ist: „Vertraut auf euren Körper. Er sagt euch, was er benötigt. Hört auf ihn und vor allem, schenkt ihm die Wertschätzung, die er so sehr verdient hat."

In diesem Buch teilen wir unsere Erfahrungen, die wir in mehr als vier Jahren veganer, gluten- und nahezu zuckerfreier Lebensweise sammeln durften. Einige Expertisen lasen wir in medizinischen Artikeln, andere in Büchern anerkannter Wissenschaftler und manche Weisheiten wurden uns von Ernährungsexperten und Spitzensportlern vermittelt. Dennoch ist unser Buch kein medizinisches oder wissenschaftliches.

Während unserer Ernährungsumstellung ließen wir Bluttests machen. Diese Tests wiesen absolut keinen Nährstoffmangel auf. Im Gegenteil: Julias Blutbild war derart gut, dass ihr Arzt sagte: „Dieses Blutbild wünsche ich mir."

Was wir im Laufe der letzten Jahre feststellten, war, dass wir wieder gelernt hatten, auf unseren Körper zu hören: was und warum er dieses oder jenes braucht.

Zwei Beispiele: Julia konnte in ihrer Schwangerschaft keine Nüsse mehr essen, zumindest eine Zeit lang. Nüsse – auch jene in Bioqualität – können Spuren von Schimmel aufweisen. Dieser kann dem ungeborenen Kind schaden. Und noch bevor wir von ihrer Schwangerschaft erfuhren, hatte sie enorme Lust auf Haferflocken – Hafer hat sehr viel Folsäure. Später mehr dazu.

Wir hoffen, dass wir mit diesem Buch einen wertvollen Beitrag in Bezug auf die vegane Lebensweise leisten können. Die meisten Grundnahrungsmittel sind von Natur aus für eine vegane sowie gluten- und nahezu zuckerfreie Ernährung geeignet und somit vielfältig einsetzbar. Außerdem ist veganes Essen nicht teurer als eine Ernährung, die sowohl Fleisch als auch Pflanzen enthält, also omnivor ist. Auch die Zubereitung nimmt nicht mehr Zeit in Anspruch.

A healthy and vegan world.

Wie alles begann

Zuerst kam unsere glutenfreie Zeit.
2016 machte Julia einen Bluttest, der bestätigte,
dass sie auf Gluten, auf den Kleber vom Weizen,
reagierte.

Was hat es mit glutenfrei auf sich?

Gluten, auch Klebereiweiß genannt, ist ein
Stoffgemisch aus Proteinen, welches vorwiegend
in Samen und Getreide vorkommt. Julia leidet nicht
unter Zöliakie. Sobald sie jedoch zu viele Dinge mit
Gluten aß, bekam sie Blähungen und häufig
Magenschmerzen, beinahe Magenkrämpfe sowie
Blasen und Rötungen auf der Haut. Verzichtete sie
auf solche Produkte, blieben diese Beschwerden
aus. Deshalb haben wir glutenhaltige Lebensmittel
von unserem Speiseplan gestrichen.
Glutenunverträglichkeit hat in den letzten Jahren
immer mehr zugenommen. Diverse Züchtungen

von Weizen und anderen Getreidearten trugen dazu bei, dass diese Produkte immer mehr an Nährwerten verloren haben. Auch Überdüngung und die Verwendung von Pflanzenschutzmitteln haben Anteil daran.

Wir beobachteten, dass Julia, wenn sie zwei Wochen gänzlich auf Gluten verzichtete, plötzlich ein hochwertiges Urkornbrot oder Roggenbrot essen konnte. Auch reiner, hochwertiger und biologischer Weizen stellte dann kein Problem mehr dar.

Wenn ihr auf Gluten mit Krämpfen und Blähungen reagiert, verzichtet etwa zwei Wochen lang darauf und nehmt dann langsam wieder Roggen- oder Urkornbrot in euren Speiseplan auf bzw. verwendet bei der Zubereitung eurer Speisen Roggen-, Urkorn- oder Einkornmehl. Diese Getreide sind am ursprünglichsten und werden am ehesten vertragen, sollten aber biologisch oder in Demeterqualität, das heißt, von höchster biologischer Klassifizierung, sein.

Ein Tipp zu den Mehlen: Achtet auf die Typennummern. Je höher diese sind, zum Beispiel Roggenmehl Typ 1800, desto hochwertiger und gesünder sind sie. Die Nummern sagen aus, wie viel Milligramm Asche bei 100 Gramm verbranntem Mehl entsteht. Die Asche ist mit Mineralstoffen gleichzusetzen. In unserem Beispiel Roggenmehl würden 1800 Milligramm Asche (Mineralstoffe) auf 100 Gramm Roggenmehl kommen. Bei dieser hohen Nummer wurde also ein großer Teil des Korns (Randschichten, Schalen etc.) gemahlen, wodurch viele Mineralstoffe erhalten geblieben sind. Beim Vollkornmehl wird keine Typennummer mehr angegeben, da das komplette Korn verwendet wird. Dasselbe gilt für Buchweizenmehl.

Des Weiteren stellte sich bei Julia heraus, dass sie auch Laktose nicht gut verträgt und auf Zucker verzichten sollte. Gesagt getan, es würde doch nicht schwer sein, auf Zucker zu verzichten! Dann kamen die große Ernüchterung, aber auch viele Aha-Erlebnisse.

Wer sich einmal die Zutatenlisten der verschiedenen Lebensmittel ansieht, wird überrascht sein, in wie vielen Produkten Laktose, Zucker und Weizen enthalten sind. Ich, als Koch, sah es als Herausforderung, meiner Liebsten das beste gluten-, laktose- und zuckerfreie Essen zu kochen, das es gibt. Viele Lebensmittel waren uns bereits bekannt, die weder Gluten noch Laktose oder Zucker enthalten.

Wenn wir von Zucker sprechen, meinen wir den industriellen Süßmacher oder Haushaltszucker, aber nicht den natürlichen, wie er zum Beispiel im Apfel oder anderem Obst vorkommt. Später gehen wir noch detaillierter auf das ein, was wir auf unserem Weg in die gluten- und zuckerfreie Ernährung erlebt haben. Soviel sei jedoch erwähnt: Es bedarf einiger Experimente und Recherchearbeiten, um mehr als nur

Kichererbsenmehl zu verwenden. Denn unser oberstes Gebot lautet, dass wir weder industriell hergestellte Speisen noch verarbeitete Fertigprodukte, Backmischungen und dergleichen essen wollen. Außerdem nutzen wir nur saisonale, regionale und biologische Produkte. Die Vielfalt ist enorm.

Ist Hafer nun glutenfrei?

In dieser Frage scheiden sich die Geister, denn die einen behaupten, Hafer sei glutenfrei, die anderen sind der Meinung, dass er eine sehr geringe Menge an Gluten enthalte. Fakt ist, dass Hafer nicht mit Weizen verwandt ist. Der Wissenschaftliche Beirat der Deutschen Zöliakie Gesellschaft e. V. schrieb im Mai 2016 [1], dass nicht kontaminierter Hafer, der gesondert für Zöliakie-Betroffene angebaut und verarbeitet wird, von nahezu allen Betroffenen vertragen werde. Hafer aus dem herkömmlichen Sortiment weise eine sehr starke Verunreinigung durch Weizen oder Gerste auf, sodass er für Zöliakie-Betroffene nicht geeignet sei. Aus diesem Grund war uns wichtig, nur glutenfreie Haferflocken zu essen. Aber die Tatsache, dass Hafer an sich nahezu glutenfrei ist und nur durch Verunreinigung Gluten enthält, erstaunte uns sehr.

Der endgültige Entschluss, vegan zu werden

Ende 2016 bzw. Anfang 2017 entschieden wir uns endgültig, Veganer zu werden.
In der Schwoich, in Tirol, wurde uns eine Ärztin

empfohlen, die sich mit Unverträglichkeiten und der Ernährung auseinandersetzt und eine Koryphäe auf diesen Gebieten ist. Sie hatte zum Beispiel einer Bekannten geholfen, ihre Pferdehaarallergie loszuwerden. Ich ging eigentlich nur wegen meiner Migräne zu ihr und war derart überzeugt und begeistert, dass ich meine Frau Julia zu ihr schickte. Julia hatte aufgrund einer Duftstoffallergie zeitweise offene Finger und nässende Blasen sowie einen Ausschlag an den Händen. Sie verzichtete bereits auf Aromastoffe, Gluten und Zucker. Des Weiteren mied sie künstlich hergestelltes Parfüm und künstliches Glutamat beziehungsweise chemische Geschmacksverstärker, bekannt auch unter der Bezeichnung E 621.

„Frau Hofbauer, haben Sie einmal darüber nachgedacht, dass Menschen auch auf tierische Produkte allergisch reagieren können?", fragte die Ärztin. Es sei nämlich so, dass tierisches Eiweiß im menschlichen Körper Mikroentzündungen auslöse. Wenn dann der Körper eine Schwachstelle habe – bei Julia die Haut – dann könnten sich diese Entzündungen auf vielfältigste Weise zeigen. Diese Entzündungen würden sich auch in Form von starken Kopfschmerzen, Gicht, Gelenkproblemen oder diversen anderen Beschwerden zeigen.

Klingt irgendwie logisch, war unser Gedanke.

Es ist kein Geheimnis, dass wir alle zu viele tierische Produkte zu uns nehmen, häufig sogar mehrmals täglich. Ein Butterbrot zum Frühstück, Milch im Kaffee und Tee oder eine Tasse Kakao, eine Leberkäsesemmel oder eine Wurstsemmel zur Vormittagsjause oder Frischkäse mit

Gemüsesticks. Mittags etwas mit Fleisch und am Nachmittag einen Kuchen, der Eier und Butter enthält, nicht zu vergessen den Caffè Latte dazu. Am Abend eine Jause mit Wurst und Käse oder einen Salat mit Hühnerstreifen und schon ist kein Essen frei von tierischem Eiweiß.

Diverse Studien haben gezeigt, dass tierisches Eiweiß krebserregend sein kann. Weitere Auswirkungen, die tierische Lebensmittel auf unseren Körper haben können, sind beispielsweise Bluthochdruck und zu viel LDL, also schlechtes, Cholesterin. All das gab uns zu denken.

Dass wir endgültig einen veganen Lebensstil praktizieren wollen, also nicht nur vegan essen, sondern auch vegan leben möchten, beschlossen wir während einer Bergtour auf den Gilfert (Tirol/Weerberg). Julia meinte, dass sie sich wohler fühlte, seitdem wir Nahrungsmittel mit Gluten und tierischem Eiweiß so weit wie möglich mieden. Unser Schweiß würde nicht mehr stinken und die Bläschen auf ihrer Hand seien auch weniger geworden oder sogar komplett verschwunden.

Wir machten einen Plan, worauf wir achten mussten. Zudem wollten wir weniger Kohlenhydrate und mit Maß und Ziel essen. Auch Zucker wollten wir so gut wie komplett weglassen. Zum einen nährt und fördert Zucker Entzündungsherde, zum anderen lässt er uns immer mehr essen, als wir in Wirklichkeit an Nährstoffen benötigen.

Unser vegane Gedanke wurde auch durch diverse Berichte in verschiedenen Medien über die Ressourcenausbeutung und über das Leid der Tiere verstärkt. Vorher kauften wir unser Fleisch und unsere tierischen Produkte in Bioläden und beim Bauern vor Ort. Wir dachten, wenn die Tiere artgerecht aufwüchsen, sei alles in Ordnung.

Später erkannten wir, dass das alles andere als artgerecht und „zu Tode streicheln" ebenso Mord ist.

Dies war der Startschuss für unsere ausschließlich vegane Lebensweise und wir haben es nicht bereut. Wissenschaftler stellten übrigens fest, dass sich der Homo sapiens zwar omnivor, aber vorwiegend vegan ernährte.

Vegan und glutenfrei heißt nicht gleich gesund

Wir machten die Erfahrung, dass vegane Ernährung nicht unbedingt gesund sein muss.

Es gibt einige Veganer, die ernähren sich nur von Obst und Gemüse, andere nur von Pudding. Dann gibt es solche, die nur Obst essen, das von selbst vom Baum gefallen ist. Natürlich fehlt es diesen Veganern an wichtigen Nährstoffen.

Wir versuchen, unsere Nahrungspalette so weitläufig wie nur möglich zu gestalten, mit Hülsenfrüchten, Obst, Gemüse und glutenfreien Teigwaren, die keine chemischen und unnatürlichen Inhaltsstoffe aufweisen. Dazu verwenden wir Reis-, Soja-, Hafer-, Hirse-, Buchweizen- und Mandeldrinks, Soja-, Kokos- und Haferjoghurt und Nüsse. Wenn wir auf Exoten wie Kokosblütenzucker und Ahornsirup zurückgreifen, ist es für uns wesentlich, dass es sich um ein faires und biologisches Produkt handelt.

In der ersten Zeit als Veganer aßen wir ohne schlechtes Gewissen. Wir experimentierten und dachten, alles, was wir essen, sei gesund und wir bräuchten uns keine Sorgen zu machen. Es kam oft vor, dass wir ein ganzes Blech mit veganem und glutenfreiem Kuchen verputzten. „Passiert ja nichts, ist ja gesund und Weizen beinhaltet er auch keines. Auch keine Butter, sondern nur gesundes Öl. Zucker ist auch keiner zugesetzt", sagten wir uns ständig. Wir ließen jedoch außer Acht, dass auch solche Süßspeisen viele Kalorien haben. Die Folge war, dass wir an Gewicht und Umfang zunahmen. Am Anfang fiel uns das gar nicht auf, denn wir fühlten uns ja gesund und gut.

Irgendwann musste ich aber bei Spaziergängen mit unserem Hund heftiger atmen und alles wurde anstrengender. Dies gab mir zu denken.

Wir entschlossen uns daraufhin, unsere vegane Ernährungs- und Lebensweise noch einmal komplett zu überdenken.

De facto sollte man bei einer veganen, gluten- und zuckerfreien Ernährung beachten, dass Hülsenfrüchte einen sehr hohen Brennwert haben. Auch Mehlalternativen, wie Buchweizen-, Kichererbsen-, Reis-, Lupinen-, Kokos- und Mandelmehl, sind kalorienreich. Glutenfrei bedeutet nicht gleich kohlenhydratfrei. Dasselbe trifft auf Zuckeralternativen wie Honig und Ahornsirup zu. Agavendicksaft hat sogar fast den gleichen Kaloriengehalt wie Haushaltszucker. Auch einige Milchalternativen, vor allem Reisdrink und Kokosmilch, bringen viele Kalorien mit.

Also aßen wir abends keine Kohlenhydrate mehr, konzentrierten uns mehr auf Gemüse und Eiweiß, ließen Zucker komplett weg und hielten Pausen zwischen zwei Mahlzeiten von mindestens vier Stunden ein.

Dadurch nahmen wir wieder ab.

Wohlbefinden dank der richtigen Reihenfolge beim Essen

Trotz des gesunden Essens, spürten wir weiterhin, dass etwas nicht ganz stimmte. Denn, nach manchen Gerichten fühlten wir uns nicht wohl oder bekamen furchtbar stinkende Blähungen. Wir wussten uns keinen Rat und beschäftigten uns noch intensiver mit der Ernährung.

Im Zuge unserer Recherchen wurden wir auf den Artikel „Optimale Gesundheit durch die richtige Reihenfolge beim Essen" aufmerksam. Der amerikanische Arzt Dr. Stanley Bass (1920 – 2017) erforschte in den 1950er Jahren die korrekte Reihenfolge beim Essen im Zusammenhang mit einer gesunden Ernährungsweise. Wir hielten uns an seine Vorgaben und unser Unwohlsein verschwand gänzlich. Die Studie besagt, dass man die schnell verdaulichen Lebensmittel zuerst und die schwerer verdaulichen zum Schluss essen sollte. Klingt logisch. Als wir uns die Studie zu Gemüte führten, kamen wir aus dem Staunen überhaupt nicht mehr heraus. Vieles wurde uns bewusst und klang einleuchtend.

Wassermelonen zum Dessert sind ein No-Go

Wir aßen häufig eine Wassermelone zum Nachtisch, nachdem wir z. B. Ofenkartoffeln mit Gemüse und Salat verspeist hatten. Der Magen rebellierte und wir fühlten uns manchmal richtig unwohl. Warum war das so? Die Wassermelone wäre bereits in einer halben Stunde verdaut gewesen. Da sie aber auf die Kartoffeln traf, die eine längere Zeit benötigen, bis sie verdaut sind, begann sie, wie es eine jede Frucht tut, zu gären und Gase sowie Alkohol zu bilden. Gemüse enthält zudem noch viel Eiweiß, weshalb noch mehr Gase entstehen. Eine gute Verdauung ist daher gar nicht möglich.

Die ideale Reihenfolge

Früchte sollten zuerst gegessen werden.
Wir fangen häufig mit Äpfeln, Trauben, Birnen oder Mandarinen an, je nachdem, was gerade saisonal erhältlich ist. Danach verspeisen wir das Gemüse und erst danach die Kartoffeln oder Hülsenfrüchte. Gemüse mit einem sehr hohen Stärkegehalt, wie der Hokkaido-Kürbis, kann zusammen mit Kartoffeln gegessen werden.
Als Faustregel gilt: Je höher der Wassergehalt eines Nahrungsmittels ist, desto weiter rückt es in der Reihenfolge nach vorn und umgekehrt.

Energiegeladener nach dem Essen

Dank dieser Reihenfolge ist der Körper nach dem Essen nicht müde.
Wir fühlten uns energiegeladen. Vermeintlich unverträgliche Lebensmittel vertrugen wir plötzlich ohne Probleme. Wenn wir vorher Nüsse, Obst, Zwiebeln oder Ähnliches zusammen gegessen hatten und sich Magenschmerzen einschlichen, meinten wir:
„Ach, Zwiebeln vertrage ich nicht." oder „Auf Äpfel reagiere ich mit einer Unverträglichkeit."
Dann verbannten wir solche Lebensmittel von unserem Speiseplan. Heute wissen wir: Werden diese in der richtigen Reihenfolge gegessen, kann es sein, dass nichts mehr von Unverträglichkeiten zu spüren ist.

Gern gemachte Fehler

Ein Orangen- oder Zitrussaft würde im Normalfall den Magen nach wenigen Minuten wieder verlassen. Trinkt man diese Säfte allerdings nach dem Frühstück, müssen erst die Brötchen und das Gemüse oder das Joghurt mit Früchten verdaut werden. Sodbrennen, Magenkrämpfe und Blähungen können die Folge sein.

Melone mit Rohschinken – der Klassiker auf den Vorspeisebuffets für Nicht-Veganer. Die Melone alleine wäre ideal, aber beides zusammen führt zu Unwohlsein. Der Schinken nämlich verlangsamt wegen seines hohen Proteingehalts eine rasche Verdauung der Melone, was Gärungsprozesse zur Folge hat.

Früchte, egal ob frisch oder getrocknet, zum Dessert sollten vermieden werden. Nüsse oder Samen sollten nicht mit Früchten, Honig oder Ahornsirup gemischt werden, wie das zum Beispiel bei Studentenfutter der Fall ist. Außerdem sollten süße Früchte nie zusammen mit säurehaltigen Früchten gegessen werden.

Wie geht es richtig?

Ideal wäre es, 30 bis 60 Minuten vor einer Mahlzeit zu trinken.

Obst sollte immer auf leeren Magen gegessen werden, wobei säurehaltiges Obst vor den süßen Früchten kommt. Melonen müssen stets vor allen anderen Früchten gegessen werden. Danach sollte nach Dr. Bass eine Pause von 15 Minuten eingelegt werden. Anschließend darf Gemüse vor stärkehaltigen Lebensmitteln auf den Teller. Zum Beispiel Salat und Gemüse vor Kartoffeln, Linsen oder Bohnen. Stärkehaltige Mahlzeiten wiederum kommen vor proteinreichem Essen.

Im Grunde genommen, müsst ihr nur darauf

achten, welches Lebensmittel wie lange zur Verdauung benötigt. Das mit der kürzesten Zeit esst ihr zuerst.

Wir, als Müsli-Liebhaber, mussten uns gehörig umstellen, denn ein Müsli mit Früchten sollte überhaupt nicht gegessen werden. Daher essen wir zuerst einen Obstteller und danach das Porridge.

Weniger ist mehr

Nach diesen Erkenntnissen stellten wir unsere Ernährung nochmals etwas um und vereinfachten unsere Küche. Ein Gericht bestand nun nur noch aus wenigen Zutaten. Wir bereiteten zum Beispiel ein Curry zu, das nur aus einer Sorte Gemüse, etwas Knoblauch und Zwiebeln bestand. Die Linsen, Kichererbsen oder den Reis aßen wir danach. Oder das Ofengemüse bestand jetzt nur noch aus zwei Gemüsesorten. Rote Rüben, mit Kräutern und Knoblauch gewürzt und im Ofen gebacken, aßen wir ohne weitere Beilagen. Das Tolle ist, dass man die einzelnen Gemüsesorten wieder intensiver schmeckt. Dabei sparen wir Geld, da wir pro Mahlzeit nur noch ein Gemüse verwenden und die Kochzeiten minimierten sich enorm. Probiert es einfach selber aus. Es dauert nicht lange und diese Art des Essens wird zur Gewohnheit.

Ein weiterer Vorteil ist, dass, durch die kurze Pause zwischen dem Obst und den anderen Mahlzeiten, das Sättigungsgefühl viel schneller eintritt. Da das Gemüse bereits vor den stärkehaltigen Lebensmitteln gegessen wird, werden außerdem viel weniger Kohlenhydrate zum satt werden benötigt. Am Abend lassen wir sie auch häufig komplett weg. Alles in allem – weniger ist mehr.

Warum zuckerfrei?

Zucker macht abhängig und befriedigt im Gehirn dieselben Areale wie z. B. Drogen. Wird also Zucker konsumiert und sinkt der Zuckergehalt wieder im Körper, verlangt der Körper nach mehr. Generell ist in den meisten Lebensmitteln viel zu viel Zucker enthalten. Probiert doch einmal aus, einen Kuchen mit nur der Hälfte an Zucker zu backen. Ihr werdet sehen, dass der Kuchen mindestens genau so gut schmeckt, wenn nicht sogar besser. Zucker unterdrückt nämlich oft den Geschmack anderer Lebensmittel. Dasselbe gilt für Schokolade. Probiert eine herkömmliche Milchschokolade und dann eine mit 60 oder 70 Prozent Kakaoanteil. Letztere wird euch nach zwei bis drei Stücken besser als die andere schmecken. Es gibt unzählige Alternativen für Zucker. Wenn ihr euch nicht vegan ernährt, ist Honig mit all seinen entzündungshemmenden Inhaltsstoffen eine gute Wahl. Nehmt hierbei einen Blütenhonig und keinen Waldhonig, denn Waldhonig enthält fast keine Pollen. Verwendet ihr stattdessen einen – im besten Fall – regionalen Blütenhonig, stellt sich euer Körper sogar etwas auf die Pollen vor eurer Haustür ein.
Ahornsirup besteht zwar hauptsächlich aus Zucker, kann aber als gesund angesehen werden, da dieser Vitamin B enthält und, wie Honig, antiseptisch und entzündungshemmend wirkt.
Der herkömmliche Haushaltszucker hat außer fast

400 Kcal pro 100 Gramm keine Inhaltsstoffe vorzuweisen und selbst der unraffinierte Zucker enthält kaum Mineralstoffe. Aus diesem Grund nehmen wir, sofern wir etwas süßen möchten, Honig. Ja, Honig ist nicht vegan, allerdings überwiegen die positiven Eigenschaften und wir versuchen immer den Honig dort zu kaufen, wo wir den Imker kennen. Überlegt hier, was für euch persönlich besser vereinbar ist: Nehme ich Honig von einem bekannten Imker oder lasse ich meine Zuckeralternative abertausende Kilometer einfliegen? Kann ich damit leben, dass der Honig von Tieren erzeugt wird und dies nicht artgerecht ist? Oder nehme ich Alternativen, die voller E-Nummern und anderer, ungesunder Inhaltsstoffe sind? Jeder soll den Weg finden, der für ihn selber okay ist.

Kokosblütenzucker verwenden wir vor allem zum Backen. Über seine Wirkung gibt es bis heute noch zu wenige Studien. Man sagt ihm aber nach, er lasse den Blutzuckerspiegel weniger ansteigen als zum Beispiel Haushaltszucker.

Wir haben viel in dem Buch „Der Ernährungskompass" von Bas Kast erfahren. Er schreibt zum Beispiel, dass der herkömmliche Haushaltszucker ein Zweifachzucker ist [2]. Dieser besteht aus den zwei Einzelmolekülen Glukose und Fructose. Der Zucker geht ungefiltert durch den Darm, und die Leber holt sich den Anteil an Glukose, den sie braucht. Der Rest wandert durch unseren Körper und jede Zelle, die Glukose benötigt, holt sich ihren Anteil. Sehr viel Glukose benötigt zum Beispiel unser Gehirn. Gefährlich ist nur die Fructose, denn egal wie satt die Leber bereits ist, nimmt sie die Fructose wie einen

Schwamm auf und wandelt sie in Fettzellen um ₃.
Das Gehirn bekommt folglich zu wenig oder
überhaupt nichts davon ab und signalisiert, dass
es noch mehr benötigt. Diesen „Trick" macht sich
die Lebensmittelindustrie zunutze, sodass wir
immer mehr von einem Produkt haben wollen.

In nahezu jeder Obstsorte
steckt Fructose, dennoch
ist Obst gesund. Der
Grund dafür ist, dass Obst
neben Fructose auch
Ballaststoffe enthält und
beides nach und nach an
den Körper abgegeben
wird, ohne die Leber zu
überschwemmen. Dazu
müsste man zum Beispiel
sechs Äpfel oder zwei Kilo Trauben auf einmal
essen. Wird diese Menge wiederum als Obst- oder
Gemüsesaft getrunken, würde die Leber auf
einmal mit Fructose überhäuft werden. Hier sollte
man sich fragen, ob man trotzdem lieber einen
Smoothie trinkt oder zu Pommes greift, die in
Transfetten schwimmen.

Ihr seht, Zucker ist ein schwieriges Thema. Vor
allem, wenn man sich die Zutatenliste diverser
Produkte ansieht, bekommt man graue Haare. Wir
verwenden kaum noch Zucker, weder in einem
Kakao noch in einem Apfelstrudel oder in einem
veganen Scheiterhaufen, denn Obst an sich ist
bereits süß genug. Selbst in eine von uns
gekochte Marmelade kommt kaum Zucker hinein.
Ein Wort zu den Zuckerersatzstoffen – Legt Waren,
die sie enthalten, einfach wieder zurück ins Regal.
Unserer Meinung nach, gibt es dazu noch zu

wenige Studien. Es hat aber viel zu bedeuten, wenn selbst Diabetikergesellschaften davon abraten.

Anmerkung: Zucker diente früher vor allem der Haltbarmachung von Speisen. In einem solchen Fall lassen wir auch Milde walten. Dazu muss Zucker allerdings nicht bereits an zweiter Stelle auf der Zutatenliste stehen. Es müssen auch nicht in einem Lebensmittel fünf verschiedene Zucker- und Zuckerersatzstoffe enthalten sein und die krebserregenden Nitrite – die sowieso verboten gehören – haben schon gar nichts darin verloren.

Gesunde Öle sind essentiell

In den Jahren unserer Ernährungsumstellung lasen wir viele Fachbücher und informierten uns auch bei Ernährungsberatern.
Als Veganer nimmt man weniger Fette auf. Vor allem, wenn die fetthaltigen Avocados nicht auf dem Speiseplan stehen. Daher beschäftigten wir uns auch mit dem Thema Öle. Unserer Meinung nach, kommt es auch bei Ölen auf Abwechslung und Vielfalt an. Für uns ist es zudem wichtig, dass es sich um ein biologisches und kaltgepresstes Öl handelt. In unserer Küche kochen und backen wir

mit Leinöl, Kürbiskernöl, Mohnöl, Sesamöl, Hanföl und Sonnenblumenöl. Auch Rapsöl findet man bei uns. Manche bezeichnen das kaltgepresste Rapsöl als das Olivenöl Österreichs. Hin und wieder verwenden wir auch ein hochwertiges Nussöl oder Kokosöl.

Olivenöl $_{4/5}$ ist zwar nicht hiesig, dennoch benutzen wir kaltgepresstes auch zum Braten und Backen. Es hat viele gesunde Inhaltsstoffe, zum Beispiel fast 80 Prozent einfach ungesättigte Fettsäuren, Linolsäure und Omega-6-Fettsäure. Sein Rauchpunkt liegt allerdings schon bei 175/180 Grad. Köche wissen, dass selbst eine Fritteuse nie höher als 180 Grad eingestellt wird. Der Rauchpunkt sagt aus, bei wie viel Grad flüchtige Komponenten wie Wasser, freie Fettsäuren und dergleichen verdampfen und als Rauch sichtbar werden. Öle mit einem geringen Rauchpunkt bilden beim Erhitzen über diesen Punkt hinaus gesundheitsschädliche Substanzen, wie Acrolein, welches krebserregend sein kann.

Summa summarum eignen sich zum Braten, Backen und Frittieren Öle, die wenig mehrfach ungesättigte Fettsäuren haben. Darunter fallen Olivenöle, Sonnenblumenöle, Rapsöle und Nussöle.

Leinöl, Mohnöl und dergleichen sind reich an Omega-3-Fettsäuren, sie beinhalten sogar mehr als einige Fischsorten und haben viele ungesättigte Fettsäuren sowie reichlich Vitamin E. Außerdem befinden sich in diesen Ölen sowohl die mehrfach ungesättigte Linolsäure als auch die Vitamine A, B und C sowie viele Mineralstoffe. Diese Öle wirken sich positiv auf die Gesundheit aus und senken den Cholesterinspiegel. Ebenso

beugen sie Herz- und Kreislauferkrankungen vor.
Ein weiteres Öl ist das desodorierte Kokosfett.
Dieses wird mit Wasserdampf behandelt und ist
daher geruchs- und geschmacksneutral. Es eignet
sich auch ganz hervorragend für Mürbteige.
Öle sind manchmal ungeeignet zum Backen.
Namhafte Unternehmen bieten auch Butter an,
jedoch lehnen wir das darin enthaltene Palmfett
genauso ab wie entsprechende Hersteller mit
äußerst fragwürdigem ethischen, sozialen und
menschlichen Verhalten.

Wie wichtig die richtigen Fette für den Körper sind,
habe ich am eigenen Leib erfahren. Ich hatte
häufig mit starken Kopfschmerzen zu kämpfen und
fühlte mich dann immer müde und schlapp. Es
bestand zwar eine gewisse Ähnlichkeit mit Migräne,
dennoch handelte es sich dabei um keine. Wir
überlegten, welches Essen ich zu mir genommen

hatte, und welche Gründe es für die Kopfschmerzen geben könnte. Dabei fanden wir heraus, dass die Schmerzen häufig kamen, wenn ich nicht zur Arbeit musste. An solchen Tagen ließen wir oft das Frühstück ausfallen oder aßen nur ganz wenig, gingen eine große Runde mit unserem Hund Rocket und gönnten uns danach einen leckeren Brunch oder ein schönes Mittagessen. Die Schmerzen verschwanden, sobald ich gegessen hatte. Für diese Essen verwendeten wir immer etwas mehr gesundes Öl. Wir lasen dann, dass das Gehirn sehr viel Fett und Eiweiß benötigt, um Energie zu haben und genau diese Bestandteile fanden sich in unserem Brunch oder Mittagessen wieder. Seitdem wir Ölen in unseren Speisen und vor allem beim Frühstück einen höheren Stellenwert zukommen lassen, habe ich weniger Kopfschmerzen.

Verwendungstipps für Öle

Nicht immer muss es Salat sein, in dem das hochwertige und gesunde Öl Verwendung findet. Wir geben zum Beispiel in unseren Frühstücksbrei oder unser Müsli ein bis zwei Esslöffel Mohnöl. Mittags darf es dann auch mal etwas Kürbiskernöl auf die geschnittenen Gurkenscheiben sein und am Abend finden im Salat oder in der Dip Sauce Hanf- oder Sesamöl ihren Platz. Ich liebe es, das Salatdressing zu löffeln. Wäre doch schade um den leckeren Essig und das gute Öl.
Diverse vegane und selbstgemachte Aufstriche beinhalten Öle. Auch hier passen diese hochwertigen Tropfen perfekt hinein. Seid jedoch vorsichtig mit der Dosierung, denn manche Öle

haben einen intensiven Eigengeschmack. Ein weiterer Punkt, der für die Verwendung von gesunden Ölen spricht, ist, dass sie das Essen aufpeppen und hervorragende Geschmacksträger sind.

Glutenfreie Mehle

Das wohl bekannteste glutenfreie Mehl ist Kichererbsenmehl. Auch wir machten gleich am Anfang Bekanntschaft damit und verwenden es auch heute noch, allerdings nicht nur.

Später wagten wir uns an Buchweizenmehl, Maismehl und Reismehl. Diese vier Mehlsorten sind fast immer in unserer Küche zu finden. Hin und wieder kaufen wir auch ein Mandelmehl und Hafermehl stellen wir selbst her. Einfach Haferflocken in einen Mixer geben und kleinhacken beziehungsweise mahlen. Germteig lässt sich mit diesen Mehlsorten eher schwer herstellen, da das Klebereiweiß fehlt, aber mit Reismehl und Backpulver klappt es recht gut.

Die Palette an glutenfreien Mehlen ist enorm. Neben Amaranthmehl, existieren auch Hanfmehl, Chiamehl, Hirsemehl, Leinsamenmehl, Mohnmehl und Quinoamehl, aber auch diverse Nuss- und Bohnenmehle.

Als Stärke benützen wir hauptsächlich Kartoffelmehl und Maisstärke, wobei wir auch sehr gute Erfahrungen mit Tapiokamehl gemacht haben.

Anwendungstipps für glutenfreie Mehle

Wir fanden heraus, dass es oft auf die richtige Mehlmischung ankommt, ob ein Rezept gelingt. Bewährt haben sich zum Beispiel 50 Prozent Buchweizenmehl und 50 Prozent Reismehl. Eine weitere gute Mischung sind 50 Prozent Buchweizenmehl, 25 Prozent Hafermehl und 25 Prozent Maisstärke. Befinden sich neben Mehlen auch noch Leinsamen oder Flohsamen im Rezept, dann können diese gleich als Stärkeersatz verwendet werden. Aber Achtung: Oft sind Leinsamen und Chiasamen als Ei-Ersatz gedacht. Manchmal können als Stärke sogar gekochte Kartoffel dienen. Dazu gibt es weiter hinten ein Rezept.

Noch ein Hinweis zu den Teigen: Besonders, wenn Lupinen- oder Kichererbsenmehl verwendet wird, schmecken und riechen die rohen Teige – sagen wir mal so – sehr eigen. Bitte nicht abschrecken lassen. Im fertigen Kuchen ist davon nichts mehr zu schmecken.

Wir merkten schnell, dass Buchweizenmehl, neben Reismehl, am vielseitigsten eingesetzt werden kann. Dabei sollte es sich um ein regionales und biologisches Buchweizenmehl handeln, denn dieses schmeckt weniger intensiv als ein herkömmliches.

Das vegane Ei

Als gelernter Koch weiß ich, wie bedeutend Eier
für das Gelingen und den Geschmack eines
Gerichtes sind. Ei bindet, Ei lockert ein Gericht auf
und Ei kann eine Speise luftig machen. Für mich

stellte es also eine Herausforderung dar, eine Mehlspeise oder einen Kuchen ohne Eier herzustellen. In vielen Büchern und in diversen Foren im Internet wird dazu geraten, Apfelmus oder eine Banane zu verwenden. Doch mit Bindung hat das freilich nicht viel zu tun. Mit der Zeit wurde ich auf Lupinenmehl, um genauer zu sein Süßlupinenmehl, aufmerksam. Die Lupine ist glutenfrei, zählt zu den Hülsenfrüchten und ist ein wertvoller Eiweißlieferant. In roher Form schmeckt und riecht sie nicht besonders gut. Nach ihrer Verarbeitung ist jedoch davon nichts mehr zu merken. Laut des Verbandes für „Unabhängige Gesundheitsberatung" (UGB) [6] enthalten Lupinen 36 bis 48 Prozent Eiweiß, sowie acht essentielle Aminosäuren und Lysin. Außerdem haben sie weitere gesunde Bestandteile wie zum Beispiel einfach und mehrfach ungesättigte Fettsäuren. Möchte man Lupinenmehl anstelle von Ei verwenden, muss man einen Esslöffel Süßlupinenmehl und 30 Milliliter Wasser vermischen. Diese Mischung kurz quellen lassen und fertig ist das „vegane Ei". Diese Mischung eignet sich hervorragend für alle Formen von Teigen, in denen Eier verwendet werden müssen. Wir probierten auch Apfelmus und Bananen als Ei-Ersatz in Teigen. Meiner Frau schmeckt das, mir sind diese Kuchen häufig zu speckig. Essen mit Ei-Ersatz aus Obst ist nicht mein Geschmack – es sei denn, es ist Bananenbrot.

Manche verwenden als Ersatz auch gemahlene Leinsamen, Flohsamen, Speisestärke oder andere Pürees wie Kürbispüree. Wir persönlich haben positive Erfahrungen mit Stärke und den verschiedenen Sorten Samen gemacht.

Möchtet ihr einem Gericht den Geschmack von Eiern verleihen oder eine Sauce mit einem Ei-Ersatz binden, dann bietet sich Kala Namak, auch bekannt als Schwarzes Salz, an. Es ist leicht salzig und riecht nach Schwefel. Ihr werdet überrascht sein, wenn ihr zum Beispiel euer veganes Rührei oder eure veganen Spaghetti Carbonara damit würzt. Für die Bindung der Carbonara wird traditionell Eidotter verwendet. Bei unserer veganen Pasta Carbonara verwenden wir Kichererbsenmehl und Hefeflocken.

Als Ersatz für ein hartgekochtes Ei kann man Tofu verwenden und aus Seidentofu wird ein veganer Eiersalat.

Manche Hersteller bieten veganen Ei-Ersatz. Darin ist häufig eine Mischung aus Süßlupinenmehl, Johannisbrotkernmehl, Maisstärke, Leinprotein und Sonnenblumenprotein enthalten. Wir sind der Meinung, dass so viele verschiedene Produkte nicht wirklich notwendig sind.

Tipps für das Kochen mit und ohne Ei-Ersatz

Wir lieben Süßspeisen, egal ob es sich um Palatschinken, Kuchen, Muffins, Tartes oder Buchteln handelt. Anfangs kochten wir manche Rezepte einfach nach Originalrezept, verwendeten aber anstelle des Weizenmehls eine glutenfreie und selbst zusammengestellte Mischung und anstatt der Eier nahmen wir Lupinenmehl und Wasser. Diese Kuchen funktionierten nur zum Teil, denn zum einen fehlte das Klebereiweiß und zum anderen das aufgeschlagene Eiklar. Wir fanden jedoch sehr viele Rezepte, die hervorragend ohne Eier und Weizenmehl funktionierten. In diesem Buch findet ihr Rezepte dazu, die sich ganz einfach nachkochen lassen. Ihr werdet keinen Unterschied erkennen, ob es sich um einen Kuchen mit oder ohne Eier bzw. Weizenmehl handelt.

Während unserer Ernährungsumstellung wollte ich alles tun für originale Spaghetti Carbonara, dessen Sauce nur aus Ei, Parmesan und Speck besteht und nicht aus einem Ersatz mit Sahne. Eines Tages waren wir wieder einmal sehr experimentierfreudig. Räuchertofu, Zwiebeln und Knoblauch landeten in der Pfanne. Glutenfreie Pasta und eine Mischung aus Hafermilch, Kala Namak, Kichererbsenmehl und Hefeflocken gesellten sich dazu. Das Ganze ließen wir kurz aufkochen. Fertig waren die weltbesten veganen Carbonara, die ich je gegessen hatte. Seither weine ich dem originalen Rezept nicht mehr hinterher. Das Gute ist außerdem, dass unsere Kreation ohne schlechtes Gewissen gegessen werden kann, denn sie hat kaum Fett, bei Weitem weniger Kalorien, aber dafür viel Eiweiß. Die Grundsauce, aus der die Carbonara besteht, verbessert auch viele andere Gerichte, wie gefüllte Zucchini. Aus ihr lassen sich außerdem sämtliche Saucen abwandeln. Anstelle von Kala Namak kann auch normales Salz verwendet werden, wenn der Geschmack von Ei nicht benötigt wird oder nicht erwünscht ist.

Veganer Käse

Wie wir bereits häufiger erwähnt haben, möchten wir keine künstlich hergestellten Produkte verwenden oder eines zwingend ersetzen. Lieber verzichten wir dann darauf. Wenn wir beispielsweise ein Burgerpatty machen, muss es nicht nach Fleisch schmecken. Wenn wir im Kühlregal eines Supermarktes einen veganen Käse finden, der vor lauter E-Nummern und Aromen nur so strotzt, kaufen wir ihn nicht. Beide waren wir absolute Käseliebhaber. Mittlerweile kann man aber guten veganen Käse kaufen, der aus natürlichen Zutaten besteht. Häufig ist die Basis eine Cashewcreme, die man auch einfach selber zaubern kann. Unserer Meinung nach, ist veganer Hartkäse lecker. Veganer Weichkäse oder vegane Streichcreme schmecken uns allerdings aus der eigenen Küche besser. Die Basis dafür ist, wie bereits erwähnt, eine Creme aus Cashewnüssen, Öl, Wasser, Zitronensaft und Gewürzen je nach Geschmack. Für die richtige Bindung sorgen Flohsamenschalen und für einen intensiveren Käsegeschmack sind Hefeflocken ideal. Anstelle von Cashewnüssen können auch Sonnenblumenkerne verwendet werden, allerdings ist dann der Geschmack weniger käsig. Achtet bei Sonnenblumenkernen darauf, dass sie wirklich biologisch sind, da sie ansonsten gesundheitsschädlich sein können. Wir gehen später noch detaillierter auf diese Thematik ein.
Die ideale Alternative für Parmesan sind Hefeflocken. Diese sind nicht nur gesund, sie schmecken auch hervorragend und passen zu vielen Gerichten. Beim Kauf von Hefeflocken

solltet ihr auf die Qualität achten, denn manche Hersteller strecken sie mit Reismehl.

Tipps zum veganen Käse

Veganer Mozzarella lässt sich einfach herstellen und als Caprese servieren. Mit Hefeflocken kann man nahezu jede Speise aufwerten, wie ihr in unseren Rezepten noch lesen werdet.

Ein Naturtofu in kleine Würfel geschnitten, in Olivenöl, Kräutern, Knoblauch und anderen beliebigen Gewürzen eingelegt, kann als Schafkäsewürfel gereicht werden.

Was verwenden wir anstelle von Milchprodukten?

Wir lieben Joghurt. Die bekannteste vegane Alternative stellt das Sojajoghurt dar. Wir testeten auch die anderen pflanzlichen Joghurts, die aus Hafer und Kokos bestehen. Kokosjoghurt steht bei uns aufgrund der nicht regionalen Herkunft an zweiter Stelle. Seit es Produkte aus österreichischem Soja in Bioqualität zu kaufen gibt, ist Sojajoghurt unser Favorit. Auch Joghurts aus Lupinenmehl werden angeboten, jedoch klingt die Zutatenliste alles andere als gesund.

Wir testeten auch Pflanzendrinks, probierten verschiedene Alternativen und blieben bei Hafermilch hängen. Sie ist neben Sojamilch am vielseitigsten einsetzbar. Der Hafer wird in

Österreich angebaut und hat Bioqualität. Mehr über pflanzliche Milchalternativen erfahrt ihr in den Tipps und Tricks.

Eiweiß

Eiweiß ist essentiell für unseren Körper. Die deutsche Gesellschaft für Ernährung sagt, dass jeder Mensch pro Tag 1 Gramm Eiweiß pro Kilogramm Körpergewicht benötige [7]. Bei einer tierischen und pflanzlichen Ernährung sei der empfohlene Bedarf schnell gedeckt, allerdings bei Veganern nicht. Uns war diese Empfehlung lange nicht bekannt, jedoch hatten wir auch nicht den Eindruck, Mangelerscheinungen zu haben. Erst als Julia schwanger wurde, beschäftigten wir uns intensiver mit dem Thema Eiweiß. Darüber aber später mehr.

Obwohl viele vegane Lebensmittel tatsächlich mehr Eiweiß haben als ein Stück Fleisch, ist es gar nicht so einfach, die Menge an erforderlichem Eiweiß zu erreichen. Schon gar nicht, wenn man auf Sojaprodukte, außer Tofu, weitgehend verzichten möchte und nicht jede Mahlzeit aus Hülsenfrüchten bestehen soll. Kommt dann noch hinzu, dass man Weizen vermeiden muss, kann das zu einer Herausforderung werden. Auch vegane Eiweißshakes können den Bedarf nicht lückenlos decken.

Seitan wäre der absolute König unter den veganen Proteinlieferanten, denn 100 Gramm von diesem Weizeneiweiß-Produkt bringen es auf 28 Gramm Eiweiß. 300 Gramm Seitan und eine 75 Kilogramm schwere Person hätte ihren Eiweißbedarf gedeckt. Da Seitan jedoch glutenhaltig ist, kommt er für uns nicht in Frage.

Wir durchforsteten also das World Wide Web und fanden heraus, dass zum Beispiel Hanf- und Leinsamenmehl sehr viel Eiweiß haben. Mandelmehl hat sogar noch mehr Proteine. Diese Mehle sind tatsächlich nur das Abfallprodukt aus der Herstellung der jeweiligen Öle. Das ist für uns umso mehr ein Anreiz, diese zu verwenden.

Wir messen und rechnen nicht jeden Tag durch, ob wir genügend Eiweiß zu uns nehmen. Seitdem wir uns mit diesem Thema intensiver auseinandersetzt haben, kommen wir sehr gut zurecht.

Unser Frühstück besteht meist aus einem Müsli oder Frühstücksbrei beziehungsweise aus einem Porridge mit Obst. Dem fügen wir Haferflocken, Hanf- und Leinsamenmehl, Braunhirse, Leinsamen und Nüsse oder ein Nussmus hinzu. Anstatt Milch verwenden wir Hafermilch, die wir jeden Tag selber frisch zubereiten. Aufgepeppt wird das Frühstück mit einem gesunden Öl, wie ein Mohn- oder Leinöl. Mittags gibt es eine Kleinigkeit, entweder ein veganes Rührei mit Gemüse oder einen Salat, getoppt mit Kürbiskernen oder anderen Samen beziehungsweise Kernen. Am Abend essen wir gerne nur noch Gemüse mit Hülsenfrüchten, einen Tofu oder Kartoffeln.

Tipps, um genügend Eiweiß zu bekommen

Regionale Produkte liefern fast immer genügend Eiweiß, wenn die Ernährung abwechslungsreich ist. Einen Esslöffel Erdnuss- oder

Mandelmus zum Porridge oder auf ein Brot mit Marmelade anstelle von veganer Butter (von der wir ja generell abraten), liefert wichtige Proteine und schmeckt außerdem sehr lecker.

Hülsenfrüchte sind die wahren Stars in der veganen und glutenfreien Ernährung. Sie enthalten sehr viele Vitamine, Nähr- und Mineralstoffe, können den Blutdruck senken und sind gut für die Darmgesundheit und für den Cholesterinspiegel.

Leinsamen- und Hanfmehl sowie Braunhirse schmecken nicht nur in einem Brei, sondern machen sich auch sehr gut auf einem Salat als Topping. Sie sorgen für den gewissen Biss. Leinsamen raten wir nur in geschroteter Form zu verwenden, denn nur so kann er seine ganze Wirkung entfalten. Leinsamen im Ganzen verlässt im selben Zustand unseren Körper und landet im Abfluss. Nicht vergessen: Viel trinken, sonst kann es zu Verstopfung kommen.

Achtet einmal darauf, was passiert, wenn ihr eine sehr eiweißhaltige Mahlzeit zu euch nehmt. Ihr werdet schneller satt, als wenn ihr kohlenhydratreich esst. Warum? Der Körper beziehungsweise das Gehirn verlangt nur so lange nach Essen, bis die Eiweißspeicher wieder aufgefüllt sind.

Nachfolgend haben wir einige vegane Lebensmittel mit hohem Eiweißgehalt aufgelistet:

Lebensmittel	Eiweiß pro 100 Gramm
Mandelmehl	48,8 g
Hanfmehl	33 g
Süßlupinenmehl	32 g

Leinsamenmehl	32 g
Erdnüsse	22 g
Mungobohnen	24 g
Leinsamen	29 g
Kichererbsenmehl	19 g
Sonnenblumenkerne	27 g
Cashewnüsse	17,5 g
Kürbiskerne	37 g
Mandeln	22 g
Naturtofu	14 g
Chiasamen	22 g
Walnüsse	14,4 g
Amaranth	14 g
Quinoa	12 g
Erbsen	5,80 g
Hafer	13 g
Braunhirse	9,9 g
Buchweizen	9.80 g
Polenta	7,70 g
Linsen	7,5 g
Brennnesseln	7 g
Kohlsprossen	3,4 g
Grünkohl	4,3 g
Brokkoli	2,8 g
Spinat	2,7 g

Flohsamenschalen	1,2 g
Avocado	2 g

Die wichtigsten Körner und Samen in der veganen Ernährung

Die folgenden Pflanzen, Samen, Körner oder Superfoods sind lediglich Empfehlungen unsererseits und aus unserer Küche nicht mehr wegzudenken. Mindestens einmal pro Tag finden sie in unseren Gerichten Platz. Das Tolle ist, dass diese Lebensmittel regional verfügbar sind. Sie sind nicht nur Superfoods in der Küche, sondern auch vielseitig anwendbare Helferlein, die sowohl süß als auch würzig verzehrt werden können. [9]

Leinsamen

Wir verwenden Leinsamen oder Leinsaat, wie diese Heilpflanze auch genannt wird, geschrotet, als Mehl oder genießen sie als Öl.
Leinsamen enthält sehr viel Eiweiß und hat in der Pflanzenwelt den höchsten Anteil an Omega-3-Fettsäuren. Seine Schleimstoffe schützen die Schleimhaut von Magen und Darm und helfen bei Entzündungen und gegen Verstopfung, wobei es immer wichtig ist, ausreichend dazu zu trinken. Chiasamen haben eine ähnliche Wirkung auf unseren Körper, allerdings sind diese Samen nicht regional und nicht ganz so hochwertig wie Leinsaat. Warum also auf Exoten zurückgreifen, wenn wir alles vor unserer Haustür haben? Leinsamen kann auch äußerlich angewendet werden. Wenn die Nasennebenhöhlen verstopft sind, wirkt ein Wickel

aus einem warmen Leinsamenbrei wahre Wunder. Wir haben das selber schon häufiger angewendet. Auch als Ei-Ersatz oder als Bindemittel für Teige eignet sich der kleine braune Samen hervorragend. Wir machen regelmäßig eine Magen-Darmkur mit Leinsamen. Dafür gibt man einen Esslöffel geschroteten Leinsamen in ein halbes Glas mit warmen Wasser und trinkt es am Morgen auf nüchternen Magen. Das wirkt reinigend auf den Darm. Unterstützt durch Heilerde und Flohsamenschalen steht einer sanften Darmsanierung dann nichts mehr im Wege. Heilerde entgiftet den kompletten Organismus und kann das Immunsystem stabilisieren, denn sie besteht aus kleinsten Partikeln, die Magen und Darm massieren ohne zu reizen. Dadurch wird die Sekretion von Verdauungssäften verstärkt. Heilerde kann zudem Giftstoffe im Darm binden und sie ausleiten.

Flohsamenschalen

Die Samen oder auch die Schalen von diesem Wegerich namens Plantago afra oder Plantago indica können in getrockneter Form verwendet werden. Die Schalen haben eine hohe Quellkraft, weshalb eine geringe Menge ausreicht. 100 Gramm von diesem Superfood haben über 83 Gramm unverdauliche Ballaststoffe und nur 21 Kilokalorien. Wie die Leinsaat enthalten sie Schleimstoffe und man kann sie sowohl gegen Durchfall als auch Verstopfung anwenden. Wir nutzen Flohsamenschalen hauptsächlich in Teigen, egal ob in einem Kuchen oder in einem Brotteig. Bereits eine geringe Menge reicht aus, um eine ideale Bindung zu gewährleisten.

Sonnenblumenkerne

Bei den Sonnenblumenkernen erlebten wir am Anfang einen Schock. Auch wenn wir immer darauf achtgaben, dass sie aus biologischem Anbau stammten, waren solche nicht immer vorrätig und wir kauften stattdessen die regionalen Sonnenblumenkerne. Dann erfuhren wir von einer ärztlich geprüften Aromapraktikerin und diplomierten Heilkräuterpädagogin, dass lediglich biologische Sonnenblumenkerne, am besten noch in Demeterqualität, verzehrt werden sollten. Warum? Sonnenblumen werden häufig auf verseuchtem Boden angepflanzt, damit sie den Acker von Schad- und Giftstoffen reinigen. Sie absorbieren außerdem Blei aus dem Boden. Ihre Kerne werden nach der Ernte noch gewinnbringend verkauft. Seitdem wir das wissen, kommen uns nur noch biologisch angebaute Sonnenblumenkerne ins Haus.
Die Kerne sind sehr schmackhaft, sowohl als einer der Hauptbestandteile in einem glutenfreien Brot als auch in einem Salat oder Müsli. Wir verwenden sie außerdem als Basis für diverse Aufstriche – einfach mit etwas Wasser, Öl und mit Gewürzen pürieren.Neben viel Eiweiß enthalten Sonnenblumenkerne wichtige Vitamine wie D, K, E und B sowie ungesättigte Fettsäuren (viele

Omega-6-Fettsäuren) und Kalzium. Sie sind außerdem ein ausgezeichneter Magnesium- und Eisenlieferant.

Haferflocken

Haferflocken sind für nahezu alles gut: Sie sind anregend, ideal für Sportler, sie versorgen uns mit Eiweißen, Kohlenhydraten, wichtigen Vitaminen und Mineralstoffen. Sie stärken das Immunsystem, machen, wegen der großen Menge an Biotin, schön und sind aufgrund des Vitamin B1-Gehalts eine gute Nervennahrung. Sie haben auch viel Folsäure, weshalb sie ausgezeichnet für Schwangere geeignet sind, oder für jene Frauen, die es werden wollen.
Renommierte Ärzte empfehlen Diabetikern, regelmäßig Hafertage einzulegen, da dadurch die Zuckerwerte reguliert werden können. In leichteren Fällen kann dadurch eine medikamentöse Behandlung hinausgezögert oder sogar verhindert werden. Bei bestehendem Diabetes können diese Entlastungstage eine Wohltat für die Leber und den Körper sein. Aber bitte immer mit dem behandelnden Arzt absprechen. Wir nutzen Hafertage, wenn wir das Gefühl haben, unser Körper ist übervoll. Drei Hafertage und der Körper fühlt sich gereinigt und leicht an.
Wir essen Haferflocken sowohl in süßer als auch in würziger Form, zum Beispiel als Basis für Laibchen. Außerdem sind sie Hauptbestandteil in unserem glutenfreien Brot und es gibt nichts einfacheres, als Hafermehl oder Hafermilch selbst herzustellen. Die Haferflocken einfach mit einem Stabmixer zerkleinern. Für die Milch das Mehl dann mit

Wasser, etwas Öl und, wenn gewünscht, mit etwas Honig oder Ahornsirup mixen. Wir nehmen diese Milch für unser Müsli, denn dann müssen wir den Satz nicht abseihen.

Braunhirse

Braunhirse war bereits vor unserer veganen und glutenfreien Ernährung fester Bestandteil unserer Ernährung. Da wir viel und gerne in den Bergen unterwegs sind und uns auch sonst aktiv in der Natur bewegen, sind uns gesunde Gelenke und Knorpel enorm wichtig. Und welches Lebensmittel eignet sich am besten, einem Schwund oder Ähnlichem vorzubeugen? Richtig, die Braunhirse. Sie ist zum einen basenbildend und enthält zum anderen eine Vielzahl an Mineralstoffen und Vitaminen. Ihre Wirkstoffe können bei diversen Beschwerden und Erkrankungen wie Arthrose, Bindegewebsschwäche, Karies, Krampfadern und Rheuma helfen.

Im Gegensatz zur Goldhirse, die wir übrigens auch sehr gerne mögen, ist die Braunhirse ein Sonderfall, denn sie kann roh gegessen werden. Wir lieben sie in unserem Frühstücksbrei oder in unserem Porridge. Ich gebe sie auch gerne über einen Salat, in ein Joghurt oder in einen Shake. Auch in einen Kuchen oder in Brotteig gerührt, macht sich die Braunhirse gut. Im Notfall nehmen wir sie sogar als Nussersatz.

Goldhirse

Die Goldhirse ist, wie der Hafer, ein Superstar in der Küche. Kaum zu glauben, dass dieses glutenfreie Spelzgetreide früher ein Armeleuteessen war. Jedoch waren viele Lebensmittel vor langer Zeit eher den Armen vorbehalten, ehe sie Einzug in die Küchen aller hielten. Hirse macht im Vergleich zum Hafer länger satt. Von allen Getreidesorten hat sie den zweithöchsten Fettgehalt, versorgt uns aber mit vielen Vitaminen sowie mit Mineral- und Nährstoffen. Vor allem besitzt Hirse sehr viel Eisen und ist sehr schonend zum Magen. Wir verwenden sie in verschiedenster Art und Weise in sowohl süßer als auch würziger Form: als Brei, als Laibchen, als Suppe oder als Beilage anstatt Reis.

Buchweizen

Buchweizen genießt auf unserem Speiseplan einen hohen Stellenwert. Ich esse dieses leckere Pseudogetreide fast jeden Tag, meistens als Porridge, verfeinert mit etwas Erdnussmus.
Was macht Buchweizen zu einem Superfood? Die kleinen Körnchen sind zum einen sehr schnell zubereitet und zum anderen sind sie eine wahre Energiebombe. Sie können den Blutzuckerspiegel senken, bei Bluthochdruck und gegen Krampfadern (da jedoch eher das Buchweizenkraut in Teeform) helfen. Außerdem kann Buchweizen den Cholesterinspiegel regulieren und die Leber schützen.
Dieses Getreide ist frei von schädlichen Substanzen und gleichzeitig deutlich reicher an

hochwertigen Nähr- und Vitalstoffen als andere Sorten. Zum Beispiel liefert es uns alle acht essentiellen Aminosäuren und diese in einem besonders günstigen Aminosäureprofil.

Wenn ich auswärts im Büro arbeite, dann nehme ich mir immer eine 50:50 Mischung aus Buchweizen und Goldhirse, nur in Wasser gekocht, mit. Dieses Porridge peppe ich mit Hanf- und Leinsamenmehl sowie mit geschroteten Leinsamen und Braunhirse auf. Verfeinert wird es mit etwas Erdnussmus und fertig ist ein hochwertiges und leckeres Mittagessen. Natürlich kann diese Mischung noch mit veganem Joghurt oder mit Pflanzenmilch veredelt werden. Mit etwas Honig oder Ahornsirup werden auch die Gelüste auf Süßes gestillt. Manchmal schneide ich mir noch einen Apfel oder eine Banane hinein, aber wegen der richtigen Reihenfolge beim Essen, esse ich das Obst meist vorab.

Aus Buchweizen lassen sich hervorragend Laibchen formen oder ein Risotto kochen.

Wir kaufen Buchweizen nur in einem Bioladen vor Ort, denn Buchweizen von bekannten Bio-Großhändlern schmeckt anders. Der vom hiesigen Bioladen ist vom Geschmack her feiner, wie wir finden.

Linsen, Bohnen und Kichererbsen

Diese Hülsenfrüchte haben in der veganen und glutenfreien Ernährung eine sehr große Bedeutung. Zum einen sind sie wichtige Eiweißlieferanten und zum anderen sind sie vielseitig einsetzbar. Sie versorgen uns außerdem mit vielen Vitaminen und Ballaststoffen sowie mit Eisen, Kalzium und

Magnesium.
Wir machen aus diesen Hülsenfrüchten häufig Aufstriche, Hummus oder ein Linsen Dal. Auch in Suppen und Eintöpfen oder als Salat, Laibchen und als Nuggets machen sich diese „Wunderfrüchte" bestens.
Aus Bohnen lassen sich Süßspeisen herstellen und aus Linsen ein leckerer Braten, um den euch viele beneiden werden. In diesem Buch findet ihr ein Rezept dazu.

Chiasamen

Wir sagen immer, dass Chiasamen das exotische Pendant zum Leinsamen sind. Sie liefern uns, ebenso wie Leinsaat, Ballaststoffe, Eiweiß und Omega-3-Fettsäuren. Außerdem fördern sie die Verdauung und können den Blutzucker regulieren. Im Gegensatz zu den Leinsamen versorgen uns Chiasamen als ganze Samen mit hochwertigen Stoffen. Sie müssen lediglich in Flüssigkeit aufquellen, bevor sie ihre Wirkung freigeben. Die Leinsaat hingegen muss geschrotet werden. Chiapudding schmeckt hervorragend. Einfach Chiasamen mit kochendem Wasser übergießen, durchrühren, quellen lassen, über Nacht kalt stellen und genießen. In den Rezepten findet ihr natürlich auch den Chiapudding.
Im Vergleich sind wir aber der Meinung, dass Leinsamen hochwertiger ist als Chiasamen.

Kürbiskerne

Sowohl Kürbiskernöl als auch Kürbiskerne haben wir in unseren Speiseplan integriert. Sie liefern uns neben viel Eiweiß auch Magnesium, Zink, Eisen und Selen und das Öl ist reich an ungesättigten Fettsäuren und Vitamin E. Vor allem an grauen Tagen können Kürbiskerne wahre Glücksbringer sein, denn das in den Kernen enthaltene Tryptophan lässt den Serotoninspiegel steigen. Deshalb können diese Kerne dazu beitragen, dass unsere Stimmung aufgehellt wird. Kürbiskerne sind außerdem gesund für die Leber und können Krebs vorbeugen. Neben dem Zellschutz, sind sie gut für unser Herz und helfen Entzündungssymptome zu lindern. Diese Wunderkerne verwenden wir entweder in Salaten, im Brot oder im Frühstücksbrei. Auch zum Snacken sind sie hervorragend geeignet.

Quinoa

In diesen glutenfreien Körnerfrüchten stecken reichlich Eisen, Folsäure, Magnesium, Zink und Mangan sowie hochwertiges Eiweiß.
Diesen Inkareis essen wir nur hin und wieder, obwohl er, von seinen Nährstoffen her betrachtet, ein wahres Wunder-Pseudogetreide ist. Allerdings enthalten die Schalen der Samenkörner die bitteren Saponinen, die, sofern man zu viel rohe

Quinoa isst, die Darmschleimhaut und die Blutzellen schädigen können. Geschält und gekocht ist jedoch kaum noch etwas von diesem Pflanzenschutzstoff enthalten.

Wenn wir Quinoa kochen, dann entweder als Beilage, Salat oder als Risotto.

Nüsse und Mandeln

Nüsse sind bekanntermaßen gute Eiweißlieferanten.

Meine Frau Julia liebt Nüsse und für mich sind sie die ideale Hirnnahrung, wenn ich arbeiten bin.

Meist kaufen wir eine Nussmischung im Bioladen vor Ort. Das hat den Vorteil, dass wir uns selber aussuchen können, von welcher Sorte wir mehr oder weniger wollen, denn die Nüsse werden offen zum Kauf angeboten.

Probiert es aus, ihr werdet merken, dass Nüsse vom Bioladen die Bionüsse aus dem Großhandel geschmacklich übertreffen.

Mandeln, die nicht zu den Nüssen, sondern zu den Kernen zählen, enthalten sogar noch mehr Proteine. Sie versorgen unseren Körper auch mit einfach und mehrfach ungesättigten Fettsäuren, mit Vitaminen, Ballast- und Mineralstoffen.

Nüsse und Mandeln eigenen sich für jedes erdenkliche Gericht.

Wir essen auch gerne ein Nussmus. Zum Beispiel auf einem Brot mit Marmelade oder Honig oder wir machen eine Sauce daraus. Es kann auch als Topping, mit etwas Olivenöl vermischt, verwendet werden. Meine Frau gibt gerne etwas davon in ihr Porridge.

In der Schwangerschaft sollte Julia keinen Mohn

essen. Daher kochten wir anstelle ihrer geliebten Mohnnudeln einfach Nussnudeln.

Auch gehackte und mit etwas Honig geröstete Nüsse in ein Joghurt wird zu einem leckeren Dessert. Die Griechen wussten das schon immer, denn schließlich ist dieser Nachtisch ein Klassiker in ihrer Küche.

Vielfalt und Abwechslung sind uns wichtig. Deshalb wechseln wir immer zwischen Erdnuss-, Mandel- und Cashewmus, wobei Erdnussmus unser Favorit ist. Erdnussbutter ist nicht billig, weshalb wir versuchen, diese nicht immer vorrätig zu haben, denn sie soll etwas Besonderes bleiben.

Achtet beim Kauf von Nussmus auf die Qualität, denn in manchen ist Palmfett enthalten. Das ist gar nicht nötig und der einzige Bestandteil sollten Nüsse sein.

Nahrungsergänzungen

Veganern wird häufig nachgesagt, dass sie nur mit Pillen gesund überleben könnten. Hier sind die Meinungen geteilt. Manche Experten behaupten sogar, dass bei einer veganen Ernährung keine Nahrungsergänzungsmittel eingenommen werden müssten. Wir würden das nicht unterschreiben, denn beispielsweise B12 ist in pflanzlichen Lebensmitteln in einer zu geringen Form enthalten. Erwiesen ist, dass Veganer kein Vitamin B12 aus der Nahrung aufnehmen. Vitamin B12 ist aber lebenswichtig für den Körper.

„Das Gemüse nicht waschen, dann bekommen auch Veganer genügend B12", meinen so manche „Experten", denn dann würden Veganer die kleinen Tiere mitessen und so an das Vitamin kommen.

Natürlich waschen wir unser Gemüse und das B12 nehmen wir in Kapselform auf. Wir beziehen es von einem regionalen Unternehmen, das die ausreichende Dosis aus natürlichen und veganen Rohstoffen gewinnt und vertreibt. Es ist eine Kombination aus B12, K2, D3 und B2 Vitaminen. Dieses Produkt ist frei von unnötigen Zusatzstoffen, künstlichen Aromen, Konservierungsmitteln und Farbstoffen. Das Vitamin B12 ist hierbei der Wirkstoff Methylcobalamin, K2 wird aus fermentierten Sojabohnen erzeugt, D3 aus Flechten gewonnen und B2 wird aus Maisstärke fermentiert. Außerdem ist das Produkt frei von Gentechnik.

Vitamin B12 ist essentiell für Körper und Geist. Es ist an der Zellteilung und Blutbildung beteiligt. Wusstet ihr, dass Fleischesser Vitamin B12 auch nur bekommen, weil es alle Tiere als Supplement in ihr Futter erhalten? Bei dem wenigen frischen Gras, was Tiere bekommen, ist die Gefahr zu hoch, dass die Bevölkerung einer Mangelversorgung ausgesetzt ist – verrückte Welt!

D3 ist unter anderem für die Kalziumaufnahme in unserem Körper wichtig. Des Weiteren benötigen wir es für den Stoffwechsel und für das Immunsystem und es wirkt sich positiv auf unsere Stimmung aus.

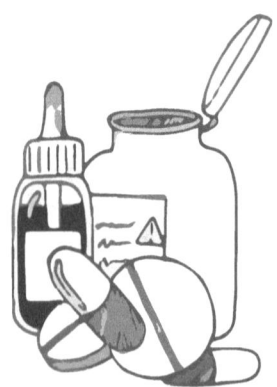

K2 sollte in Kombination mit Vitamin D eingenommen werden [10]. Beide unterstützen sich. K2 kontrolliert unsere Knochendichte und den Schlaf. Es fördert unser

Wohlbefinden und stärkt unser Blut- und Herz-Kreislaufsystem.

Vitamin B2 benötigen wir für den Stoffwechsel [11]. Ohne dieses Vitamin kann der Körper Eiweiße, Fette sowie Kohlenhydrate nicht zur Energiegewinnung nutzen.

Wir nehmen zusätzlich Dolomit zu uns, da wir aufgrund unser vielen Aktivitäten einen erhöhten Bedarf haben. Dieses gemahlene Gestein hat das richtige Verhältnis von Magnesium und Kalzium.

Einige Experten meinen, dass eine große Anzahl der Menschen in unseren Breitengraden einen D3-Mangel habe. Bestätigen würde das unsere Erfahrung: Als wir, bevor wir vegan wurden, einen Bluttest machten, hatten wir einen starken Vitamin D3 Mangel, obwohl wir täglich für mindestens ein bis drei Stunden an der frischen Luft waren. D3 Mangel kann nämlich auch entstehen, wenn der Körper ständig mit Entzündungen zu kämpfen hat, wie es häufig der Fall sein kann, wenn tierisches Eiweiß und Fett konsumiert wird.

Manche Veganer sind der Meinung, mit Nahrungsergänzungsmitteln könnten sie ihren Organismus mit den erforderlichen Vitaminen und Mineralstoffen versorgen. Das funktioniert jedoch nur teilweise. Zum einen gewöhnt sich der Körper irgendwann daran, dass er nicht mehr viel tun muss, um die nötigen Nährstoffe zu bekommen, zum anderen erhält er aber trotz Ergänzungsmittel nicht alles, was er wirklich benötigt und kann sie zudem nicht gut verwerten. Warum ist das so? Die Erklärung ist ganz einfach. Eine Karotte, zum Beispiel, besteht aus mehr als nur Beta-Carotin. Oder eine Paprika hat nicht nur Vitamin C. Die Zusammensetzung aller Bestandteile, Vitamine,

Mineralstoffe etc. sorgt dafür, dass wir diese gut aufnehmen und verarbeiten können. Eisen nehmen wir zum Beispiel besser auf, wenn wir Vitamin C-haltige Lebensmittel dazu essen. Vitamin K2 benötigen wir, damit wir das Vitamin D3 richtig verarbeiten können. Die Natur gibt es vor und der Magen sorgt dafür, dass die Nährstoffe richtig dosiert abgegeben werden. Letztendlich ist es die richtige Mischung aus Nahrungsergänzungen und ausgewogener Ernährung, die entscheidend für unser Wohlbefinden ist.

Zu jeder Jahreszeit das ideale Gemüse oder Obst

Saisonal zu essen ist ideal, da dem Körper immer das Lebensmittel, welches für die jeweilige Jahreszeit am besten passt, zugeführt wird. Radieschen, die im Frühjahr und Sommer geerntet werden, sind Lieferanten von Vital-, Mineral- und Ballaststoffen, die wir nach dem Winter benötigen. Tomaten kühlen perfekt im Sommer. Kürbisse versorgen uns in der kalten Jahreszeit mit viel Vitamin C und A sowie mit Beta-Carotin. Kohl, das Wintergemüse schlechthin, enthält neben den Vitaminen A, B, E und K ebenso viel Vitamin C. Beide Gemüse liefern wertvolle Mineralstoffe. Achtet einmal selbst darauf, wenn ihr vom Herbst bis in den frühen Sommer keine Tomaten esst, wie groß der Heißhunger auf diese rote Frucht wird. Euer Körper verlangt danach. Selbiges gilt auch für Gewürze: Zimt wärmt oder Nelken sind entzündungshemmend. Die Natur versorgt uns zur rechten Zeit mit den richtigen Lebensmitteln und

Nährstoffen, wir müssen uns nur darauf einlassen. Auch das Einkochen, Fermentieren oder Dörren kann sich gesundheitsfördernd auf unseren Körper auswirken. Gerade für den Winter werden so Lebensmittel haltbar gemacht. Das Fermentieren soll demnach die Qualität und Verdaulichkeit von Eiweiß verbessern und den Vitamin B- und C-Gehalt sowie die Bioverfügbarkeit von Mineralien wie Eisen und Zink erhöhen.

Gedörrte oder getrocknete Früchte, auch Gemüse, sind besonders gut für die Verdauung und versorgen uns schneller mit Zucker und Ballaststoffen. Sie können auch als Zuckerersatz herhalten. Beim Einkochen bleiben Eiweiß, Kohlenhydrate, Mineralstoffe und Fette erhalten. Da jedoch dabei bis zu 40 Prozent der Vitamine verloren gehen, sollte das Obst und Gemüse nur ganz kurz aufgekocht werden.

Werden Lebensmittel so ursprünglich wie nur möglich belassen, sind sie für unseren Organismus leichter verwertbar. Sie werden schneller verdaut und die Vitamine und Mineralstoffe werden gut aufgenommen. Pflanzliches Eiweiß und Fett verhindern Endzündungen im Körper, die Leber und die Nieren müssen keine Höchstleistungen verrichten und wir fühlen uns rundum wohl und gesund. Wir schlafen besser, sind erholter und leistungsfähiger und haben stärkere Abwehrkräfte.

Allein diese Tatsachen sollten Grund genug für eine vegane Lebens- und Ernährungsweise sein. Denn wir sind das, was wir essen und unser Körper ist unser lebenslanges Zuhause, auf das wir achten müssen. Wir zünden ja auch nicht unsere eigenen vier Wände an.

Beeren, die wahren Energielieferanten und Immunbooster

Egal, ob es sich um Preiselbeeren, Heidelbeeren oder um Brombeeren, Holunderbeeren oder dergleichen handelt: Beeren aus dem Wald oder von den Bergen sind wahre Energielieferanten. Wir verehren sie, denn sie versorgen unseren Körper mit allen möglichen Vitaminen und Mineralstoffen. Am liebsten sind uns die Moosbeeren (Heidelbeeren).

Beeren liefern uns viele Antioxidantien, sie helfen uns also, freie Radikale abzufangen. Das enthaltene Vitamin E ist fettlöslich, weshalb wir Beeren mit etwas Fett zu uns nehmen müssen. Das sollte allerdings kein Problem darstellen, es sei denn, sie werden pur gesnackt.

Von Spitzensportlern (Ultraläufern), die sich vorwiegend vegetarisch oder vegan ernähren, erfuhren wir, dass sie diese kleinen Wunderbeeren, während sie ihren Sport ausüben, zu sich nehmen. Entweder als Shake oder in Form eines selbst gekochten Sportgels oder Fruchtleders.

„Wenn diese Beeren die Witterungen in den Höhen oder auch die kühleren Jahreszeiten aushalten, müssen sie sehr viele Vitamine besitzen, die wir aufnehmen können. So können wir unsere Leistung steigern oder uns rascher regenerieren," erzählte uns ein Ultraläufer.

Vegan in der Schwangerschaft

Als meine Frau schwanger wurde, setzten wir uns noch intensiver mit der veganen und glutenfreien sowie nahezu zuckerfreien Ernährung auseinander. Schließlich sollten sowohl unser noch ungeborenes Kind als auch Julia ausreichend versorgt sein.

Meine Frau kontaktierte daraufhin einen österreichischen veganen Koch, Ernährungsberater und Autor. Er empfahl uns das Buch: „Vegane Ernährung. Schwangerschaft, Stillzeit und Beikost: Mutter und Kind gut versorgt" von Dr. Markus Keller und Edith Gätjen. Auch nicht-vegane Schwangere sollten bestimmte Vitamine zu sich nehmen wie zum Beispiel Folsäure. Die nahm Julia nur für kurze Zeit ein, da sich bei einem Bluttest herausstellte, dass sie davon genügend hatte. Zusätzlich nahm sie Eisen, B12, D3, K2 und ein Kombinationspräparat mit allen nötigen Nährstoffen. Dabei nutzten wir auch hier ein natürliches und regionales Produkt. Schwangere haben einen erhöhten Eiweißbedarf. Das merkte auch Julia, als sie plötzlich ein großes Verlangen nach Fleisch hatte. Das lösten wir, indem wir mehr Hülsenfrüchte und etwas mehr Sojaprodukte aßen. Außerdem entdeckten wir Hanf- und Leinmehl für uns. Julias Körper sagte ihr genau, was er benötigte. War es beispielsweise Kalzium, hatte sie großes Verlangen nach kohlensäurehaltigen und kühlen Getränken. Durch den hohen Kalziumgehalt in grünen Gemüsesorten, wie Brokkoli, Grünkohl und Rucola sowie in Hülsenfrüchten, Samen und Nüssen, kann der Kalziumbedarf perfekt gedeckt werden.

Auch während dieser Zeit nahmen wir, ergänzend zu unserer ausgewogenen Ernährung, Dolomit ein, denn darin sind Magnesium und Kalzium in einem idealen Verhältnis enthalten. Julia hörte ab der 34. Schwangerschaftswoche damit auf, da es durch das Magnesium frühzeitig zu einer erhöhten Muskelentspannung kommen kann. Sie hatte während der kompletten Schwangerschaft kaum Beschwerden wie Übelkeit oder dergleichen, war aktiv wie eh und je und konnte auch nahezu essen, was sie wollte. Eine Zeit lang vertrug sie keine rohen Lebensmittel wie Äpfel, Sellerie oder Karotten. Um das Problem zu lösen, kochte ich rohes Obst und Gemüse einfach. Interessant war, dass sie genau die Gewürze nicht mehr mochte, die sie in der Schwangerschaft nicht konsumieren sollte, wie Safran zum Beispiel. Es fiel ihr schwer, dass sie keinen Chai Tee trinken durfte, denn dieser beinhaltet Nelken und Zimt. Gegen ihre leichte Kreislaufschwäche half eine Tasse

Schwarztee.

Etwas später in der Schwangerschaft tranken wir beide Buchweizentee. Dieser wirkt sich positiv auf die Durchblutung aus und stärkt die Venen. Er schmeckt sehr gut und wird aus Buchweizengras hergestellt. Außerdem tranken wir einen natürlichen Immunbooster aus diversen Wurzeln und Kräutern, den uns eine ärztlich geprüfte Aromapraktikerin und diplomierte Heilkräuterpädagogin mischte. Kein einziges Mal war Julia krank oder erkältet.

Wir möchten aber ausdrücklich darauf hinweisen, dass nichts ohne Kontrolle passieren sollte. Jede Schwangere sollte sich einer regelmäßigen Untersuchung unterziehen. In ihrem Buch schreiben Dr. Markus Keller und Edith Gätjen, dass Schwangere keinerlei zusätzliche Präparate einnehmen müssten. Das war uns allerdings zu riskant.

Vegane, gluten- und nahezu zuckerfreie Ernährung ist nicht teuer

Ein beliebtes Vorurteil ist, dass veganes und glutenfreies Essen teuer ist. Doch das stimmt nur zum Teil. Wenn wir uns ständig nur die Ersatzprodukte kaufen würden, wie ein veganes Burgerpatty, vegane Würstchen, vegane Fertiggerichte oder glutenfreie vegane Kuchen- und Brotmischungen oder die veganen sowie glutenfreien Aufbackbrötchen, dann würden wir rasch sehr viel Geld ausgeben.

Biologisches, regionales und saisonales Gemüse aus dem Supermarkt ist häufig teurer als das vom Markt oder vom Bauern vor Ort. Wir beziehen unser biologisches, regionales und saisonales Gemüse von der Vorratskammer oder vom Markt. Einige Dinge besorgen wir noch im Reformhaus oder Lebensmittelgeschäft. Hierbei lohnt es, sich

einmal die Zeit zu nehmen und die Preise der Produkte zu vergleichen, die ihr nicht vom Markt bekommt. Auf das Jahr gerechnet, geben wir nicht mehr Geld aus als früher, als wir noch alles gegessen haben. Insgesamt sogar weniger. Sicher, die komplette Erstausstattung einer gluten-, zuckerfreien und veganen Küche ist im Geldbeutel spürbar. Denn rein biologische Produkte kosten nun einmal mehr, als solche, die es nicht sind. Das muss jedoch nicht sein, wenn einfach immer wieder etwas dazu gekauft wird. Der Reis geht aus, stattdessen werden Linsen gekauft. Das Weizenmehl ist leer und das Buchweizenmehl bekommt seinen Platz. Fakt ist, dass Gemüse und Obst an sich nicht teuer sind. Hülsenfrüchte aus der Dose oder vorgegart

kosten immer mehr als das rohe Produkt.
Getrocknete Bohnen, Kichererbsen oder Linsen
sollten immer vorgezogen werden. Eine omnivore
Ernährung ist also bezüglich der Ausgaben mit der
veganen, gluten- und zuckerfreien Ernährung
durchaus vergleichbar.
Überlegt mal: Wenn ihr bei einem Stück Fleisch
eine gute Qualität haben möchtet oder bei einer
hochwertigen Wurst, einem Schinken oder bei
Speck. Wie viel bezahlt ihr dafür? Sicherlich mehr,
als wenn ihr dieselbe Menge an saisonalem,
regionalem und biologischem Obst und Gemüse
kauft. Wir sprechen dabei von Qualität und von
LEBENSmitteln. Ein Kilogramm Fleisch für fünf
Euro lassen wir hier nicht als Vergleich gelten.
Meine letzte Preisinfo zu einem biologischen
Henderl lag bei 14 Euro. Ja, dafür bekomme ich
sehr viel Gemüse und sogar noch ein leckeres
Nussmus.

Die wichtigsten Devisen lauten:
- Alles so einfach wie nur möglich halten.
- Mit wenigen Zutaten kochen.
- Saisonal einkaufen.
- Regional einkaufen.
- Biologisch einkaufen.
- Achtsam und wertschätzend mit den
  Produkten umgehen.

Mehr als nur Essen

Die vegane Lebensweise hat mit mehr als nur dem
Essen zu tun.
Alle Produkte sollen tierversuchsfrei sein und auch
die Kleidung darf keine tierischen Bestandteile

enthalten wie zum Beispiel Leder oder Schafwolle. Auch hier gilt: Wenn ihr als Fleischesser hochwertige Produkte kauft, kostet das viel Geld. So ist es auch bei veganen Sachen. Hochwertige Dinge kosten mehr als qualitativ minderwertige. Mit einer veganen Lebensweise geht, unserer Meinung nach, noch mehr einher: mit Bedacht einzukaufen, den Dingen, die gekauft werden, Wert zu schenken, keine Ressourcen zu verschwenden, indem man secondhand einkauft und Respekt vor den Dingen des Lebens zu haben. Sicher, das alles ist ein Lernprozess, den auch wir durchliefen und immer noch durchlaufen. Wir stellten auch nicht alles auf einmal in unserem Leben um. Mit der Zeit fanden wir Neues heraus und beschäftigten uns mit diesem und jenen. Der Veganismus und ein leichter Minimalismus schlichen sich in unser Leben und gehören seitdem zu uns. Es macht Spaß und fühlt sich richtig und gut an. Unseres Erachtens nach, gehört auch der Umwelt- und Tierschutz zu diesem Lebensstil dazu. Das passiert automatisch, denn, wenn man sich damit beschäftigt, wird man von ganz allein zu einem „Aktivisten". Wobei das jetzt nicht heißt, dass ihr demonstrieren gehen müsst. Jeder kann auf seine Art und Weise zu einem besseren und gesünderen Leben beitragen. Wichtig ist es, zuerst bei sich selbst anzufangen. Ein Vorbild sein, vorleben was und wie es möglich ist, ehe man andere Menschen dafür begeistern kann. Das Ganze wird dann zu einem Automatismus.

Ich kann ein Lied davon singen, denn mich steckte meine Frau an, die wiederum von Chris Moser dazu inspiriert wurde. Er öffnete uns die Augen, vor allem mit dem Satz, dass er sein Leben nüchtern ertragen wolle.

Und ganz ehrlich: Wer einmal ein Video davon gesehen hat, wie es in unseren Schlachtbetrieben zugeht, der würde viel Alkohol benötigen, um das zu ertragen. Wobei ich an dieser Stelle erwähnen möchte, dass wir die vegane Lebensweise anfangs nur aus gesundheitlichen Gründen eingeschlagen haben.

Einkaufstipps

Mit dem Einkaufen ist das so eine Sache: Es darf nicht zu teuer sein und es sollen so wenige Geschäfte wie möglich aufgesucht werden. Hinzu kommt, dass natürlich alle Produkte vegan, gluten- und zuckerfrei sein und im Idealfall aus der Region stammen sollen.

Ihr könnt euch bestimmt vorstellen, wie viel Zeit wir am Anfang in den Geschäften verbrachten. Vor allem für Artikel, die keine unserer Kriterien erfüllten. Packung für Packung lasen wir Inhaltsangaben durch. Ihr glaubt nicht, wie schwer es war, Essiggurken ohne Zucker zu finden. Oder ein Kokos-, Soja- oder Haferjoghurt mit Geschmack, das keinen Zucker enthält. Solche Geschmacksjoghurts konsumieren wir übrigens sehr selten. Wir kaufen hauptsächlich die Naturjoghurts auf Pflanzenbasis.

Entsetzt waren wir, als wir schwarze Oliven von einem Großhändler kauften und lasen, dass diese nur schwarz eingefärbt waren. Selbst bei den Pflanzenmilchsorten ist nicht immer sicher, ob Zucker zugesetzt wurde, obwohl sie entweder als bio oder regional oder sogar als beides deklariert sind.

Als wir das alles herausgefunden hatten, kam schon das nächste Hindernis: die Eigenmarken. Die günstigeren Preise entstehen nicht, weil der Handel so großzügig ist. Eher werden die Produzenten, also die Bauern, unter Druck gesetzt. Nun ist es aber so, dass viele Bio- und regionale Produkte von einigen österreichischen Lebensmittelhändlern fast nur noch als Eigenmarken angeboten werden. Heimische Lebensmittelgeschäfte haben zwar ein tolles regionales Biogemüse- und Obstsortiment, aber alle anderen Dinge des täglichen Bedarfs müssten wir wieder in anderen Läden erwerben. Nach intensiven Recherchen fanden wir die „Vorratskammer". Diese übernimmt für uns den Gang zu den einzelnen Gemüse- und Obstbauern und kauft dort ein. Wir bestellen im Vorfeld und holen die Waren nach etwa einer Woche ab. Uns ist dadurch garantiert, dass wir nur biologische Produkte erhalten, von denen die meisten regional sind. Saisonal sind sie immer, denn andere werden dort nicht angeboten. Es ist auch nicht teurer als Obst und Gemüse aus dem Großhandel. Alternativ gibt es die „Gemüsekiste" oder den Wochenmarkt. Zusätzlich kaufen wir noch in einem kleinen Laden oder in einem Bioladen die Dinge ein, die wir nicht in der Vorratskammer nicht bekommen.

Bei solch einem Einkaufsverhalten ist es sehr selten, dass wir zu viel zu Hause haben und wir suchen dadurch nur einmal pro Woche ein Geschäft auf. Dadurch werden wir nie verleitet, etwas mitzunehmen, was wir nicht benötigen. Durch den tollen Geschmack des qualitativ hochwertigen Obstes und Gemüses hat sich unser Konsumverhalten automatisch reduziert. Ich zum Beispiel mag wieder Karotten, die mir lange zuvor nicht mehr gemundet haben.

Es bedarf auch keiner langen Überlegung mehr, was gekocht wird, da wir uns bereits bei der Bestellung darüber Gedanken machen. Das Schöne ist auch, dass wir beim Einkaufen auf Gleichgesinnte treffen, die demselben oder einem ähnlichen Lebensstil nachgehen wie wir. Wir tauschen uns aus und erfahren auch viel Neues.

Ein Gang in ein Reformhaus oder in eine Drogerie ist natürlich auch immer möglich. Dort ist das Sortiment an biologischen, veganen und glutenfreien Produkten groß. Allerdings sind diese selten regional und wenn, haben sie einen langen Transportweg hinter sich, denn verpackt und ausgeliefert werden sie meist von der Zentrale aus. Das heißt, Bauern ernten, ein LKW holt die

Produkte ab, fährt sie in die Zentrale, dort werden sie in verschiedene Größen verpackt und mit dem LKW wieder in die einzelnen Geschäfte geliefert. Von einem bekannten Biohandel erfuhren wir, dass selbst Lebensmittel aus Österreich zuerst nach Deutschland gefahren und von dort wieder österreich- und deutschlandweit in die Geschäfte verteilt werden. Der ökologische Fußabdruck kann daher nicht mehr stimmen. Außerdem finden wir, dass die Produkte in den Reformhäusern und Drogerien zu teuer sind.

Wir empfehlen daher folgendes:
- Es ist immer von Vorteil, wenn die Produkte vor Ort bezogen werden.
- Die Produkte sollten saisonal und biologisch sein.
- Wenn ein Geschäft aufgesucht wird, dann bieten sich kleine Läden oder hiesige Unternehmen an.
- Eigenmarken sollten nach Möglichkeit vermieden werden.
- Nur ein- bis zweimal in der Woche einkaufen.
- Einen ungefähren Essensplan erstellen.
- Kurze Einkaufswege.
- Hersteller von Speiseölen bieten häufig auch Saaten und Körner an. Diese können zusammen mit dem Öl gekauft werden und sind kostengünstiger als in einem Reformhaus, da sie direkt vom Hersteller bezogen werden.
- Auf dem Wochenmarkt einkaufen.

Eine 100-prozentige Regionalität ist sehr einfach möglich:

Möchtet ihr euch gesund, ausgewogen, vegan und glutenfrei ernähren, ist das mit ausschließlich regionalen Produkten sehr einfach zu bewerkstelligen. Leinsamen, Hafer, Soja, Hanf, Buchweizen, Lupine, Kartoffeln, Mais und Kichererbsen – all das wird in Österreich angebaut. Würde man Regionalität auf Europa ausweiten, dann wäre sogar Reis regional. Wobei Reis sogar vereinzelt auch in Österreich angebaut wird.
Das einzige, was wir aus Übersee beziehen und ab und zu verwenden, ist unser Bio-Kokosfett. Manchmal kaufen wir auch einen Ahornsirup oder Kokosblütenzucker. Allerdings nur, wenn diese das Biozertifikat haben.
Seitdem wir wissen, dass Soja auch bei uns angebaut und verarbeitet wird, haben wir keine Gewissensbisse mehr, dass wir hin und wieder auch ein Sojajoghurt und regelmäßig Tofu essen. Geräucherten Tofu können wir euch wärmstens empfehlen und auch den „Bohnenkas", der eingelegt ist und eine besonders tolle Textur hat.

Tipps und Tricks

Unser Herz blutet, wenn wir Essen wegwerfen müssen. Daher versuchen wir, so viel wie nur möglich von einem Produkt zu verwerten. Das schont die Umwelt und die Geldbörse.

Einige Beispiele:

- Vom Brokkoli, Karfiol und Romanesco werfen wir nur das unterste Ende vom Strunk weg und schneiden den restlichen Strunk grob für eine Suppe zurecht. Die Rosen bereiten wir nach Belieben zu.

- Karotten und Kartoffeln verspeisen wir mitsamt der Schale, schließlich sind sie unbehandelt.

- Aus den Blättern von Roten Rüben und Radieschen sowie aus Karottengrün lassen sich Salate und Pestos zubereiten oder eine grüne Cremesuppe kochen.

- Wenn wir einen Eintopf oder ein Curry aus Mangold kochen, verwenden wir auch die Stile. Ansonsten schneiden wir diese für eine Mangold-Cremesuppe klein.

- Das Innenleben von Zucchini, der sogenannte Schwamm, nutzen wir ebenso für eine Cremesuppe.

- Alle Gemüseabschnitte geben wir in einen Gefriersack oder in ein Glas. Dabei trennen wir lediglich bunte von dunklen Farben. Karottenabschnitte würden wir nicht mit Karfiol- und Brokkoliabschnitten vermengen. Dies würde eine unappetitliche Farbe der Suppe ergeben, auch wenn sie gut schmecken würde.

- Brot, welches viel Leinsamen enthält, bleibt im Kühlschrank länger frisch, da das Leinsamenfett nicht so schnell ranzig wird.

- Aus reichlich Gemüseschalen lässt sich eine klare Gemüsesuppe herstellen. Einfach die gewaschenen Gemüseschalen und Abschnitte mit Wasser und beliebigen

Gewürzen für einige Stunden leicht vor sich hin köcheln lassen.

- Wenn wir viel Gemüse zum Dünsten haben, heben wir das Wasser als Ansatz für Suppen und Saucen in einem Rexglas im Kühlschrank auf.
- Getrocknete Hülsenfrüchte halten viel länger als die gegarten in der Dose, benötigen weniger Verpackungsmaterial und sind um einiges billiger. Außerdem sind sie vielseitiger einsetzbar: Der Eigengeschmack, der durch das Einlegen entsteht, ist nicht vorhanden und für manche Gerichte braucht man einfach das Rohprodukt.
- Schraubgläser, zum Beispiel von Oliven und Essiggurken, heben wir manchmal auf. Wir verwenden sie dann als Aufbewahrungsbehälter, Jausengläser oder sogar als Trinkgläser. Kreativ umgestaltet machen sie sich auch als Vasen oder Kerzengläser hervorragend.
- Wir wiegen die einzelnen Portionen immer ab, zum Beispiel zwischen 70 und 100 Gramm Linsen pro Portion, je nachdem, ob als Beilage oder Hauptbestandteil in einem Essen. Damit stellen wir sicher, dass wir nicht zu viel kochen und in Folge zu viel essen. Ich musste mich erst daran gewöhnen, meiner Frau fiel das leichter.
- Polenta ist eine tolle glutenfreie Alternative für Grieß. Maisgrieß kann sowohl würzig als auch süß und als Creme, Schnitte oder Suppe verspeist werden.

Nicht immer ist es einfach, so bewusst mit einem Lebensmittel umzugehen. Auch uns passiert es hin und wieder, Gott sei Dank, sehr selten, dass wir ein Produkt in den Biomüll geben müssen. Aber wir sind davon überzeugt, dass es auch von Wert ist, wenn man sich bemüht und anstrengt. Mit der Zeit wird dies zu einem fixen Bestandteil des Lebens und zur Gewohnheit.

Nur wenige Zutaten verwenden

Am Anfang versuchten wir so aufwendig wie nur möglich zu kochen: In einer Bowl mussten mindestens fünf verschiedene Zutaten und Mischungen enthalten sein. Auf einem Teller sollten drei oder mehr Produkte vorhanden sein. Das muss aber nicht sein. Mit wenigen Zutaten zu kochen, macht es einfacher und bringt so einige Pluspunkte mich sich. Zum Beispiel muss weniger eingekauft werden und wir sind schneller in der Küche fertig.
Ein Curry oder ein Paprikasch schmecken ausgezeichnet, wenn sie nur eine Gemüsesorte enthalten. Ein Eintopf kann ebenso aus nur einem Gemüse bestehen. Natürlich dürfen Zwiebeln und Knoblauch nicht fehlen. Ansonsten reicht es völlig, wenn man sich auf Karotten, Zucchini oder Kürbis beschränkt. Auch eine Sättigungsbeilage muss nicht immer sein. Wenn ihr Speisen auf diese Weise zubereitet, schmeckt ihr jedes Gemüse individuell.
Wir konnten es am Anfang kaum glauben, aber wir möchten nicht mehr anders kochen. Es ist einfach toll. Probiert es für zwei, drei Wochen aus, auch ihr werdet positiv überrascht sein.

Aufpassen beim Kochen mit pflanzlicher Milch

Am Anfang verwendeten wir zum Kochen Sojamilch. Sie ist vom Geschmack her relativ neutral. Irgendwann wollten wir jedoch weniger Sojabohnen zu uns nehmen, weshalb wir andere Milchalternativen ausprobierten.

Kokosmilch in Form eines Kokosdrinks ist lecker, jedoch nicht in einem Kaffee, wie wir finden. Sie eignet sich gut zum Kochen und stellt auch eine billigere Alternative zur Kokosmilch aus der Dose dar. Wir benutzen Kokosmilch allerdings selten, da die Kokosnuss nicht regional ist. Wenn wir sie verwenden, dann zum Beispiel in einem Curry, dem wir noch etwas Kokosfett hinzufügen.

Mandelmilch trinken wir hin und wieder pur. Sie kann zum Kochen verwendet werden, allerdings flockt sie aus, wenn sie zu lange kocht. Im Kaffee oder Tee schmeckt sie einigermaßen.

Hirse- und Reismilch haben einiges an Kalorien, schmecken aber sehr lecker. Reismilch harmonisiert hervorragend mit Kaffee oder Tee, vor allem, da sie eine gewisse Süße besitzt. Beim Kochen wiederum muss man aufpassen, da auch sie schnell ausflockt. Außerdem lässt sich mit ihr kein Pudding kochen. Im Reis ist ein Enzym (Amylase) enthalten, das bei hohen Temperaturen Stärke in Zucker aufspaltet. Das führt dazu, dass sich das Produkt, welches eigentlich cremig oder fest sein soll, verflüssigt.

Hirsemilch schmeckt auch süßlich. Ich mag sie besonders gerne pur. Sie ist jedoch relativ teuer.

Hafermilch ist unser Favorit. Zum einen lässt sie sich bequem selber herstellen, zum anderen ist sie vielseitig einsetzbar. Man kann mit ihr kochen und sie dabei auch hoch erhitzen. Sie schmeckt im Kaffee und Tee und ist auch pur lecker. Preislich gesehen, ist sie nicht so billig wie Sojamilch, aber auch nicht so teuer wie die anderen genannten Milchalternativen.

Buchweizenmilch ist Geschmackssache. Wir haben sie nur einmal gekauft und waren nicht wirklich von ihr überzeugt.

Es werden unzählige Pflanzendrinks als Milchalternativen angeboten. Wir können euch nur empfehlen, alle selber auszuprobieren, denn es macht auch einen Unterschied, wofür ihr diese verwenden möchtet.

Nicht notwendig finden wir pflanzlichen Sahneersatz, Cuisine genannt, denn auch als Sahne-Alternative sind die Drinks hervorragend geeignet. Wenn es gehaltvoller sein soll, kann Kokosmilch verwendet oder anderen Pflanzendrinks etwas Öl zum Schluss, kurz vor dem Servieren, hinzugegeben werden.

Welchen Siegeln kann man vertrauen?

[12] In puncto Siegel erlebten wir so einige Enttäuschungen. Denn so manches Siegel, welches jeder kennt, und welches augenscheinlich ein biologisches sowie faires Produkt auszeichnet, erwies sich nach einigen Recherchen nicht als das, wofür es sich ausgab. Denn stellt euch doch einmal die Frage, wer die Siegel bezahlt. Richtig, die großen Unternehmen, die den Qualitätsstempel haben wollen. Es gibt nur wenige Kontrollfirmen, die sich nicht bezahlen lassen. Darunter ist zum Beispiel Greenpeace. Außerdem gibt es Bezeichnungen, auf die man sich verlassen

kann und denen wir vertrauen: das V für vegan, das Blatt auf grünem Hintergrund (EU-Bio-Logo), das Leaping Bunny Siegel (tierversuchsfrei), das T-Shirt Siegel (GOTS-Zertifikat), das PETA-Zertifikat und, wenn das Produkt mit „Demeter" gekennzeichnet wurde.

Einige Siegel sind nur zu Marketingzwecken erfunden worden und einige Firmen haben eigene Siegel, die den Anschein erwecken sollen, dass sie biologisch, vegan oder tierversuchsfrei sind. Wenn ihr euch nicht sicher seid, achtet immer darauf, ob das Siegel oder die Kennzeichnung geschützt sind. Denn einige Unternehmen betreiben Greenwashing. Das heißt, ein Unternehmen, welches andere Länder ausbeutet, bekommt dennoch ein Bio-Zertifikat für sein Produkt. Dieses Zertifikat wird von einem Kontrollorgan vergeben, das nur bestehen kann, weil es von jenem Unternehmen bezahlt wird. Manche Zertifikate verlangen außerdem nur, dass ein bestimmter Teil des ganzen Produktes biologisch und fair sein muss. Andere Zertifikate kennzeichnen zwar, dass das Produkt bio oder vegan ist, aber nicht, dass es tierversuchsfrei ist.

Weitere Gründe Veganer zu werden

Mittlerweile ist bewiesen, dass veganes Essen auch im Spitzen- und Hochleistungs- sowie Extremsport möglich ist. Es gibt Veganer unter Höhenbergsteigern, Tennisspielern, Rennfahrern, Gewichthebern, Fußballern und sicher auch noch in anderen Sportarten. Man kann Veganer für das Wohl der Tiere oder aus gesundheitlichen Gründen werden. Vermutlich werden irgendwann beide

Gründe gleichwertig sein.

Fakt ist, dass wir viel zu viel tierisches Fett und Eiweiß zu uns nehmen. Darüber haben wir bereits ausführlich geschrieben und es ist auch wissenschaftlich bewiesen, dass tierisches Protein und Fett ungesund sind. Ebenso ist es ungesund, vegane Margarine zu essen, wenn man bedenkt, wie viele Verfahren notwendig sind, bis eine solche im Verkauf landet. Daher noch einmal: saisonal und regional einkaufen und alles einfach halten. Veganer tragen dazu bei, dass die Umwelt geschont wird, sofern alle Produkte aus dem eigenen Land bezogen werden. Den meisten Mais und die meisten Sojabohnen benötigen Tiere für ihre Fütterung. Würde die Ernte der Welt, die als Futter für Tiere eingeholt wird, an die Menschen der Welt verteilt werden, müsste kein einziger Mensch mehr an Hunger sterben.

Massentierhaltung ist unter jeder Würde. Kein Mensch würde so leben wollen. Der natürliche Lebensraum, der natürliche Trieb, einfach alles wird solchen Tieren genommen. Keine Mutter würde es ertragen, wenn sie ihr Baby nicht stillen könnte, obwohl sie Muttermilch hat. Keine Mutter würde es aushalten, nicht mit dem eigenen Kind kuscheln zu dürfen, obwohl es ganz in der Nähe ist. Selbst, wenn Tiere wirklich artgerecht leben können, steht am Ende immer noch der Tiertransport zum Schlachter. Auch wenn sie vor Ort, wie es bei Wild der Fall ist, getötet werden, ist es immer noch Mord und hat nichts mit dem natürlichen Leben zu tun. Es kann nie artgerecht sein, ein Lebewesen zu töten, das leben will. Wir brauchen kein Fleisch, keine Eier und keine Milch. Wir sind das einzige Lebewesen auf der Welt, das

Milch von einem anderen Lebewesen trinkt. Das ist nicht artgerecht. Und dass das Kalzium aus der Tiermilch besonders gut für die Knochen ist, ist wissenschaftlich widerlegt. Kalzium aus pflanzlichen Produkten ist nachweislich gesünder und besser [13]

So ursprünglich wie nur möglich

Wenn man sich vegan und darüber hinaus nahezu zucker- und glutenfrei ernährt, entwickelt sich wieder ein Sinn für das Ursprüngliche.
Ein guter Vergleich ist, wenn ihr eine Biokarotte vom Bauern und eine Biokarotte aus dem Supermarkt kostet. Ihr werdet nur noch die vom Bauern essen wollen. Tomaten aus dem eigenen Garten schmecken fabelhaft, aber die aus dem Geschäft nach nur sehr wenig.
Ich könnte noch viele solcher Vergleiche anbringen, aber ich bin mir sicher, ihr wisst, was ich damit sagen möchte. Durch den Kauf vor eurer Haustür unterstützt ihr die Nahversorger. Bauern, die mit Großhändlern einen Vertrag schließen müssen, weil sie sonst nicht überleben würden, können ihre Produkte nur für einen sehr geringen Preis verkaufen, weil sie sonst keinen Vertrag mit einer Lebensmittelkette bekommen würden [14]. Diese Preise sind häufig weit unter dem, was sie eigentlich für ihre Leistung bekommen müssten, siehe zum Beispiel der Milchpreis. Kein normaler Angestellter würde für einen solchen Lohn arbeiten gehen.
Daher solltet ihr auch, wann immer es möglich ist, auf die Eigenmarken der Handelsketten verzichten. Hier läuft es nämlich folgendermaßen ab: Bleiben

wir bei der Milch. Eine Firma bezieht von einem Bauern eine gewisse Menge an Milch. Sie geben ihm den Preis dafür vor, sonst kaufen sie nicht mehr bei ihm ein. Ein Teil der Milch wird für eine bestimmte Marke, ein anderer Teil für die Eigenmarke verwendet. Die Qualität ist also bei beiden dieselbe, nur eben der Preis nicht. Der geringe Preis ist nur durch den Druck auf die Bauern möglich. Dieses Prozedere haben wir persönlich von Betroffenen gehört. Ob mit allen in dieser Art verfahren wird, wissen wir nicht, aber das alles klingt plausibel und gleichzeitig alarmierend.

Haustiere vegan ernähren

Dass sich Menschen heutzutage vegan ernähren, wird langsam akzeptiert – ja, okay, man erntet oft noch entsetzte Blicke, aber es wird besser. Wenn dann aber das Thema „Den Hund vegan ernähren" aufkommt, ja, dann ist die Empörung groß:

„Nicht artgerecht!", „Völlig abnormal.", „Hunde sind Fleischfresser.", „Das ist Tierquälerei.", „Ihr wollt eurem Hund was aufzwingen!"

Ein hoch emotionales Thema. Ich habe mir viele Expertenmeinungen angehört und durchgelesen und zumindest, was Hunde betrifft, gibt es anerkannte englische Studien, wonach ein Hund, der mit Hirn und Verstand vegan ernährt wird, keinen Schaden davon trägt.

Zum Beispiel die Diplomarbeit: „Vegan Nutrition of Dogs and Cats" von Pia Gloria Semp [15]. Ähnlich wie beim Menschen sei es dem Hundeorganismus egal, woher sein Eiweiß kommt. Des Weiteren hätten unsere Hunde heute nicht mehr viel mit dem Wolf zu tun. Bei all den Züchtungen sei das auch nicht verwunderlich. Unsere Hunde könnten zum Beispiel – durch die Anpassung ihrer Enzyme an unsere Lebensmittel – Kohlenhydrate viel besser verdauen als der Wolf.

Wenn ich sehe, an welches katastrophale Essen sich Hunde gewöhnt haben, ohne dabei sofort zu Grunde zu gehen, sollte eine vegane Ernährung kaum ein Problem darstellen.

Viele Hundefuttermarken verwenden Zucker, Zucker und nochmals Zucker, massenweise Getreide, E-Nummern soweit das Auge reicht sowie übernatürlich viel Fett. Das bisschen Fleisch, was noch enthalten ist, ist nicht einmal pures Fleisch, sondern ein Fleischnebenerzeugnis. Hierbei darf einfach alles verarbeitet werden, bis hin zu Schlachtabfällen. Wer mir dann noch sagen will, ich würde meinen Hund quälen, für den habe ich nichts übrig als ein müdes Lächeln.

Wie beim Menschen auch, gehört natürlich darauf geachtet, dass der Hund mit den für ihn wichtigen Makro- und Mikronährstoffen, Fetten, Proteinen und Kohlenhydraten versorgt wird.

Es gibt schon tolle Alleinfutter, die keinen Zusatz mehr benötigen. Allerdings besteht auch die Möglichkeit, das vegane Futter selbst zu kochen.

Somit weiß jeder Hundebesitzer zu 100 Prozent, was enthalten ist. Es sollte dann aber auch ein Nahrungsergänzungsmittel unter das Futter gemischt werden. Rezepte gibt es bereits wie Sand am Meer. Die besten, auch wissenschaftlich fundierten Informationen, erhaltet ihr hierzu auf der Homepage von PETA und Niko Rittenau.

Noch ein letzter Tipp: Wie bei allem, was euch und eure Liebsten betrifft – Hört auf euren Bauch. Was fühlt sich stimmig und gut an? Darauf baut ihr. Egal was die anderen sagen.

Rezepte

Wir lieben es, uns im Laufe eines jeden Tages die Frage zu stellen, was wir denn am Abend kochen wollen. Dann gehen wir gedanklich den Kühlschrank durch, welche Lebensmittel als erstes verwertet werden sollten und denken uns Gerichte aus oder wandeln eine Idee ab. Aus einem Herbstrübensalat mit einer veganen Eierspeise zum Beispiel planten wir ein Omelette mit Herbstrüben und Paprika zu kochen. Zum Schluss wurde daraus ein Herbstrüben-Paprikaauflauf.

Hier findet ihr einige unserer Lieblingsrezepte. Für unser Essen kombinieren wir manche, verwenden auch einmal ein anderes Gemüse als beschrieben oder modeln die Rezepte ein wenig um. Habt keine Angst, am Ende kommt in den meisten Fällen etwas sehr Leckeres dabei heraus.
Alle Rezepte sind natürlich glutenfrei und vegan.
Die Rührteige, die Essig und Backpulver beziehungsweise Natron enthalten, dürfen nur kurz gerührt werden, da sie sonst zusammenfallen. Keine Sorge wegen etwaiger Klumpen – diese lösen sich beim Backen auf.
Betrachtet unsere Angaben in den Rezepten zu Portionen und Mengen bitte nur als Richtwert. Für uns sind zum Beispiel die Bratlinge oder Laibchen der einzige Bestandteil bei einem Essen. Möchtet ihr dazu noch eine Beilage kochen, reichen diese natürlich für mehr als nur für zwei Personen.

Körndlbrot
(für eine kleine Kastenform)

Zutaten:
135 g Sonnenblumenkerne
90 g Leinsamen
60 g Haselnüsse oder Kürbiskerne oder Walnüsse gehackt
145 g Haferflocken
20 g Flohsamenschalen
20 g Chiasamen
2 TL Salz
nach Belieben: Kümmel, Fenchel, Koriander oder Brotgewürz
1 EL Ahornsirup oder Honig – kann weggelassen werden
3 EL Kokosfett, flüssig
400 ml heißes Wasser

Zubereitung:
Alle trockenen Zutaten in einer Schüssel vermischen. Das Kokosfett und den Honig/Ahornsirup in heißem Wasser auflösen und zu den trockenen Zutaten geben. Sofort zu einem Teig verarbeiten, die Leinsamen und Haferflocken saugen schnell viel Flüssigkeit auf. Den Teig in eine mit Backpapier ausgelegte Kastenform geben, glatt drücken und mindestens zwei Stunden ruhen lassen, das geht auch über Nacht. Bei 175 Grad 20 Minuten backen, aus der Form nehmen und mit der Oberseite nach unten auf einem mit Backpapier ausgelegten Rost weitere 40 Minuten backen. Vor dem Aufschneiden unbedingt etwas auskühlen lassen. Im Kühlschrank aufbewahrt, hält sich das Brot bis zu fünf Tage.

Burger-Patties

(ergibt vier Patties)

Zutaten:
3 EL Leinsamen
1 Dose Kidneybohnen (250 g)
70 g Haferflocken
100 – 150 g Champignons
30 – 40 g Walnüsse
Gewürze nach Wahl

Zubereitung:
Alle Zutaten so lange mit dem Stabmixer pürieren,
bis eine Paste entsteht. Patties formen und
langsam braten.

Maisbrot

(für eine kleine Kastenform)

Zutaten:
200 g Maismehl
250 ml Wasser
2 EL Flohsamenschalen
½ TL Salz
1 TL Rosmarin
1 TL Backpulver

Zubereitung:
Alle Zutaten vermischen, bis ein Teig entsteht. Eine
Kastenform mit Backpapier auslegen und
zusätzlich unbedingt einfetten.
Den Teig in die Form geben und 15 Minuten ruhen
lassen. Bei 180 Grad ca. 45 Minuten backen.

Vegane Mayonnaise/Sour Creme

Zutaten:

150 g Cashews

½ Tasse Wasser (ca. ein achtel Liter)

1 EL Senf

1 TL Essig

1 TL Salz

1 EL Zitronensaft

Pfeffer und Gewürze nach Wahl

Zubereitung:

Cashews in reichlich Wasser eine Stunde einweichen. Abgießen und mit den oben genannten Zutaten in einen Mixbecher geben. Alles pürieren, bis die gewünschte Konsistenz erreicht ist. Je nach Geschmack würzen. Wenn euch die Mayonnaise/Sour Creme zu dickflüssig ist, einfach etwas Wasser hinzugeben und nochmals gut verrühren.

Buchweizenbrot

(für eine kleine Kastenform)

Zutaten:

150 g Haferflocken oder Hafermehl

150 g Buchweizenmehl

70 g Leinsamen

30 g Sesam oder Nüsse, gehackt

1 TL Salz

1 Päckchen Backpulver

400 ml lauwarmes Wasser

1 Schuss Essig

Zubereitung:

Die Haferflocken mit dem Mixbecher mahlen, sodass ein Mehl entsteht. Mit den restlichen Zutaten zu einem Teig vermengen. Eine Kastenform mit Backpapier auslegen und mit dem Teig befüllen.

20 Minuten ruhen lassen. Ofen auf 180 Grad vorheizen und das Brot ca. 45 Minuten backen.

Mozzarella

(für zwei Personen)

Zutaten:

2 EL Flohsamenschalen
200 ml Wasser
50 g Cashewnüsse
1 EL Zitronensaft
1 TL Salz
1 EL Hefeflocken

Zubereitung:

Cashews für zwei Stunden in reichlich Wasser einweichen. Flohsamenschalen in 200 ml Wasser ebenfalls für zwei Stunden einweichen. Danach die abgegossenen Cashews und die restlichen Zutaten dazugeben und pürieren, bis eine glatte Masse entsteht. Abschmecken und in eine passende Form geben, die zuvor mit Frischhaltefolie ausgelegt wurde.

Für mindestens eine Stunde kalt stellen, stürzen und genießen.

Linsenbraten
(für vier Personen)

Zutaten:
2 Zwiebeln
4 Knoblauchzehen
650 g Linsen, gekocht (ca. 325 g rohe Linsen)
3 EL Leinsamen
5 EL Wasser
60 g Haferflocken
40 g Hafer-/Buchweizenmehl oder ein anderes glutenfreies Mehl
1 EL Hefeflocken
3 EL Sojasauce
Kümmel ganz, Salz, Pfeffer
nach Belieben: Oregano, Basilikum, Majoran (unser Favorit)

Zubereitung:
Zwiebeln und Knoblauch glasig dünsten. Leinsamen mit dem Wasser mischen. Die Linsen stampfen, sodass eine Art Teig entsteht. Alle Zutaten zusammenmischen und gut durchkneten. Abschmecken.
Eine Kastenform mit Backpapier auslegen und die Masse hineinstreichen, 55 bis 60 Minuten bei 180 Grad backen. Mit der Zahnstocherprobe testen, ob der Braten fertig ist. Danach in der Form für 45 Minuten abkühlen lassen, dann stürzen und komplett auskühlen lassen.
Entweder kalt genießen oder in zwei Zentimeter dicke Scheiben schneiden und in einer Pfanne anbraten.

Leinsamencracker

Zutaten:

80 g Leinsamen
1 TL Chiasamen
120 ml Wasser
20 g Kokosmehl
10 g Sonnenblumenkerne
15 g Sesam
½ TL Kurkuma
½ TL Curry
Salz und Pfeffer

Zubereitung:

Lein- und Chiasamen mit Wasser vermischen und
für ca. 20 Minuten quellen lassen.
Alle Zutaten vermengen, sodass ein feuchter Teig
entsteht. Flache Kleckse auf ein Backblech mit
Backpapier platzieren und ca. 30 Minuten bei 150
Grad knusprig backen.
Die Cracker sind fertig, wenn sie sich auf dem
Backpapier verschieben bzw. sie sich ohne Zutun
ablösen lassen.

Omelette
(für eine Person als Hauptgericht)

Zutaten:
60 g Kichererbsenmehl
2 EL Hefeflocken
1 EL Leinsamen
1 EL Sojasauce
1 TL Kala Namak Salz
etwas Kurkuma
1 TL Backpulver
½ TL Paprikapulver edelsüß
150 ml Wasser

Zubereitung:
Alle Zutaten verrühren. In einer Pfanne etwas Öl erhitzen und den Teig hineingießen. Nach einiger Zeit wenden und fertig braten.

Tipp:
Dieser Teig eignet sich auch für einen Gemüseauflauf, allerdings sollte das Gemüse vorher angebraten werden. Das Gemüse dann in eine Auflaufform füllen, Omelettemasse darübergießen und ca. 30 Minuten bei 180 Grad backen.
Der Auflauf wird nicht komplett fest. Er soll aber gut durchgebacken sein.

Carbonara Sauce
(für zwei Personen)

Zutaten:
1 EL Olivenöl
2 Knoblauchzehen
1 Zwiebel
200 g Räuchertofu
250 ml Hafermilch
20 g Kichererbsenmehl
15 g Hefeflocken
1 TL Kala Namak Salz, Salz, Pfeffer

Zubereitung:
Olivenöl in einer Pfanne erhitzen. Knoblauch und Zwiebel fein hacken und zusammen mit dem klein geschnittenen Räuchertofu anbraten. Die restlichen Zutaten mit dem Stabmixer verrühren. Die Masse in die Pfanne geben und unter ständigem Rühren einmal aufkochen und eindicken lassen. Das geht sehr schnell.

Tipp 1:
Wenn ihr Pasta Carbonara haben möchtet, zuerst die Nudeln und anschließend die Sauce in eine Pfanne geben. Dann alles unter ständigem Rühren aufkochen.

Tipp 2:
Wir verwenden diese Sauce als Basis für
Rahmgemüse/Kartoffeln. Dabei lassen wir
entweder den Räuchertofu weg oder das Kala
Namak Salz, wenn wir den Ei-Geschmack nicht
haben wollen.

Hafer-Buchweizen-Brot

(für eine kleine Kastenform)

Zutaten:
300 g Hafermehl (Haferflocken, gemahlen)
100 g Buchweizenmehl
40 g Salz
1 TL Kurkuma
10 g Leinsamen
15 g Flohsamenschalen
1 TL Natron
420 ml lauwarmes Wasser
1 EL Apfelessig

Zubereitung:
Alle trockenen Zutaten vermengen. Alle nassen
Zutaten mischen und beides zusammen schnell zu
einen zähen Teig verrühren.
Alles in eine eingefettete kleine Kastenform füllen
und 50 Minuten bei 180 Grad backen.

Aufstriche

(für zwei Personen)

Das Grundrezept für unsere Aufstriche sind 100 g Sonnenblumenkerne (gut gewaschen), die mit 70 ml Wasser und 2 EL Olivenöl püriert werden.
Unser Erbsenaufstrich ist nur ein Beispiel, was aus dem Grundrezept gezaubert werden kann. Ganz toll funktioniert das auch mit Tomaten und Basilikum oder Champignons oder auch Kartoffeln – einfach experimentieren, auch mit diversen Gewürzen. Es kann nichts schief gehen.
Sollte ein Aufstrich zu fest werden, einfach Wasser oder Öl dazugeben.
Anstelle von Sonnenblumenkernen verwenden wir für unsere Grundaufstriche auch sehr gerne gekochte rote Linsen und Kichererbsen. Unseren leckeren Rote-Rüben-Hummus möchten wir nicht mehr missen.

Erbsenaufstrich

(für vier Personen)

Zutaten:
200 g Erbsen
70 g Sonnenblumenkerne
2 EL Zitronensaft, 5 EL Olivenöl, 6 EL Wasser
etwas Kräuter, Salz, Pfeffer und Chiliflocken

Zubereitung:
Erbsen kochen und dann mit allen anderen Zutaten pürieren.

Buchweizen-Porridge
(für eine Person)

Zutaten:
100 g Buchweizen
1 EL Chiasamen
½ TL Zimt
100 ml Pflanzenmilch
nach Wunsch Obst

Zubereitung:
Buchweizen über Nacht in Wasser einweichen und
unter fließendem Wasser abspülen. Die restlichen
Zutaten dazu und mit einem Pürierstab mixen, bis
eine cremige Masse entsteht. Nach Wunsch
aufwärmen oder etwas Milch hinzufügen und mit
Rosinen, Sirup oder dergleichen toppen.

Buchweizen-Gemüse-Auflauf/-Gratin
(für zwei Personen)

Zutaten:
200 g Buchweizen und die doppelte Menge
Wasser
Wunschgemüse oder was weg muss
1 Zwiebel
5 Knoblauchzehen
2 EL Öl zum Braten
3 EL Kokos/Sojajoghurt
Salz, Pfeffer, Gewürze
Hefeflocken nach Belieben

Zubereitung:
Das Rohr auf 200 Grad Ober-/Unterhitze vorheizen.
Den Buchweizen unter fließendem Wasser
waschen. Das Gemüse, die Zwiebel und den
Knoblauch klein schneiden.
1 EL Öl in einem Topf erhitzen. Zuerst die Zwiebel
und das Gemüse darin leicht anbraten. Den Knofi
zugeben, gut durchrühren und für ca. eine Minute
mitbraten. Den Buchweizen dazugeben und
ebenfalls kurz braten. Mit der doppelten Menge
Wasser (in dem Fall 400 ml) ablöschen und diese
Mischung ganz nach Lust und Laune würzen. Gut
aufkochen und für rund 10 Minuten köcheln lassen.
Sollte das Wasser zu sehr reduziert sein, noch
etwas davon hinzufügen. Danach den Herd
ausschalten, den Topf stehen lassen und den
Buchweizen 20 Minuten quellen lassen.

Währenddessen ein Reindl mit dem restlichen Öl einfetten.
Wenn die Masse genug gequollen ist, das Joghurt einrühren. Hier können auf Wunsch noch Hefeflocken hinzugefügt werden. Die Masse in das Reindl füllen.
Bei 200 Grad wird das Ganze 45 Minuten gebacken.

Tofu Scramble oder Rührtofu
(für eine Person als Hauptspeise)

Zutaten:
1 Block Tofu (200 – 250 g)
3 EL Kichererbsenmehl
½ TL Paprikapulver
½ TL Kurkuma
1 Zwiebel
2 EL Öl zum Braten
150 ml Pflanzenmilch oder 3 – 4 EL
Kokos/Sojajoghurt
2 TL Kala Namak Salz (für den Ei-Geschmack)
oder normales Salz, Pfeffer
Hefeflocken nach Wunsch

Zubereitung:

Den Tofu aus der Packung nehmen und mit den
Fingern zerkrümeln (maximal 0,5 cm große
Stücke). Mehl, Paprikapulver und Kurkuma
hinzufügen.
Die Zwiebel schälen und in die gewünschte Größe
fürs Tofu „Rührei" schneiden. Das Öl in einer
Pfanne erhitzen und die Zwiebel kurz anbraten.
Die Tofu-Mischung dazugeben und alles für rund
fünf Minuten leicht anbruzzeln. Die Pflanzenmilch
oder das Joghurt dazu und gut durchmischen. Den
Rührtofu bis zur gewünschten Konsistenz
reduzieren lassen und dabei immer wieder
umrühren. Auf Wunsch können noch Hefeflocken
eingestreut werden. Pfeffer untermischen. Das
Kala Namak erst einrühren, wenn die Masse vom
Herd genommen wurde.

Tipp:
Super schmeckt das Ganze auch, wenn z.B eine frische Paprika zusammen mit den Zwiebeln gebraten wird. Tomaten passen auch toll dazu, allerdings erst nach dem Aufgießen untermengen.
Auch bei diesem Gericht kann der Fantasie freien Lauf gelassen werden.

Schokohappen

(für eine kleine Kastenform)

Zutaten:
80 g Leinsamen
30 g Mandeln
150 g Datteln
30 g Kakao
1 Prise Salz
80 g Reissirup
1 EL Erdnussmus
40 g Kakao

Zubereitung:
Leinsamen, Mandeln, Datteln, Kakao und Salz pürieren und die Masse in eine mit Backpapier ausgelegte flache Form drücken.
Reissirup, Erdnussmus und Kakao verrühren und auf die Masse streichen.
Alles für mindestens eine Stunde in den Kühlschrank stellen und dann genießen.

Fudgy Brownies

(kleine Kastenform)

Zutaten:
1 EL Chiasamen
4 EL Wasser
250 g Buchweizenmehl
1 TL Natron
1 Prise Salz
60 g Kakao
330 g Kokosblütenzucker
100 ml Pflanzenmilch
130 g Kokosfett, flüssig

Zubereitung:
Chiasamen mit dem Wasser mischen und 10
Minuten quellen lassen. Buchweizenmehl, Natron,
Salz und Kakao sowie den Kokosblütenzucker
dazugeben und durchrühren.
Kokosfett verflüssigen, mit der Milch vermengen
und unter die Masse rühren.
Eine Form mit Backpapier auslegen, Masse
hineingeben und im vorgeheizten Ofen bei 190
Grad 25 bis 30 Minuten backen.

Pudding

(für zwei Personen)

Zutaten:
500 ml Pflanzenmilch
40 g Maisstärke
3 EL Kokosblütenzucker
1 Vanilleschote oder 2 EL Kakao

Zubereitung:
Für den Vanillepudding die Vanilleschote
auskratzen und die leere Schote für 10 Minuten in
der Milch ziehen lassen. Danach entfernen.
Stärke, Zucker, Vanille oder Kakaopulver mit 100
ml Milch verrühren. 400 ml Milch in einem Topf
erhitzen. Sobald sie kocht, die andere Mischung
dazugeben und gut einrühren, Temperatur
reduzieren.
Wenn die gewünschte Konsistenz erreicht ist, in
Formen füllen und kühl stellen.

Kürbiskompott

Zutaten:
1,5 kg Kürbis
6 Nelken
1 Zimtstange
160 g Kokosblütenzucker
1 Ingwerscheibe
Saft einer Zitrone
1,6 Liter Wasser

Zubereitung:
Kürbis eventuell schälen und in gröbere Stücke
schneiden, sollten aber noch mundgerecht sein.
Die Kürbisstücke mit allen anderen Zutaten in
einen großen Topf geben und solange kochen, bis
der Kürbis weich ist. Danach in Schraubgläser
füllen und auskühlen lassen.

Kidneybohnen-Mandel-Brownies
(für eine kleine Kastenform)

Zutaten:
1 EL Chiasamen
250 g Kidneybohnen, gekocht
200 g Datteln
200 ml Pflanzenmilch
5 EL Mandelmehl
3 EL Süßlupinenmehl
3 EL Kakaopulver
½ Packung Backpulver

Zubereitung:
Chiasamen in einer großen Schüssel mit 2 EL
Wasser vermengen und 10 Minuten quellen lassen.
Bohnen, Datteln, Milch und 1 EL Öl pürieren,
sodass eine zähe Masse entsteht.
Diese Masse mit den restlichen Zutaten zu einem
Teig verrühren.
Eine Backform mit Backpapier auslegen und den
Teig, eher flach, hineingeben. Bei 180 Grad ca. 20
Minuten backen.

Kuchengrundrezept
(für eine kleine Kastenform)

Zutaten:
100 g Buchweizenmehl
50 g Lupinenmehl
20 g Erdmandeln, gemahlen
30 Braunhirse, gemahlen

Anmerkung: Lupinenmehl, Erdmandel und Braunhirse lassen sich untereinander oder auch durch Buchweizen- und Reismehl zu gleichen Teilen beliebig ersetzen. Wir verwenden meist 50 g Braunhirse und 50 g Reismehl.

30 g Kakaopulver (nur, wenn es ein Schokokuchen wird)
100 g Kokosblütenzucker
1 Packung Backpulver und Vanillezucker
250 ml Wasser
80 ml Öl
1 EL Essig

Zubereitung:
Zuerst alle trockenen Zutaten vermengen. Für einen schokoladigen Kuchen die Hälfte oder ein Drittel des Teiges in einer Extraschüssel mit dem Kakao verrühren. Danach die flüssigen Zutaten mischen und mit der trockenen Masse zu einem Teig verrühren.
In einer eingefetteten Form bei 180 Grad ca. 30 Minuten backen.

Tipp:
Anstelle der Pflanzenmilch kann die Hälfte davon ein Orangensaft sein; dann nennen wir ihn Soft Cake Kuchen. Es können auch Orangen- oder Zitronenzesten dazugegeben werden. Gibt man Apfelstücke dazu, verlängert sich die Backzeit um ca. 20 Minuten.

Pumpkin-Pie

(für eine herkömmliche Springform)

Zutaten für den Teig:
150 g Buchweizenmehl
50 g Nüsse, gemahlen
30 g Maisstärke
¼ TL Salz
115 g Kokosfett, desodoriert (geschmacklos)
2 – 3 EL Wasser, eiskalt

Zutaten für die Füllung:
500 g Kürbispüree (am besten vom Hokkaido-Kürbis)
¼ TL Salz
250 g Kokosmilch aus der Dose
90 g Ahornsirup
90 g Kokosblütenzucker
60 g Maisstärke
Gewürze nach Belieben: Zimt, Nelken, Muskatnuss, Lebkuchengewürz, Tonkabohne usw.

Zubereitung des Teiges:
Alle trockenen Zutaten vermengen. Das feste Kokosfett darauf reiben und alles zu einem Teig verkneten. Etwas ruhen lassen.
Derweil eine Springform einfetten. Den Teig entweder ausrollen oder einfach in die Form drücken, sodass der Boden und der Rand gut ausgelegt sind. Das könnte anstrengend sein, da der Teig recht fest ist. Mit einer Gabel einstechen und entweder kalt stellen oder gleich blind bei 180 Grad backen.

Zubereitung der Füllung:

Einen rohen Kürbis in Stücke schneiden und im Ofen auf einem Backblech ca. 15 Minuten bei 180 Grad garen. So verdampft das Wasser und der komplette Kürbisgeschmack kommt zum Vorschein. Danach die Stücke mit den restlichen Zutaten und den Gewürzen cremig pürieren.

Die Füllung auf den vorgebackenen Boden geben und weitere 50 bis 60 Minuten bei 180 Grad backen.

Keine Angst, bis hier sieht alles noch ein wenig flüssig aus.

Die Pie danach in der Form komplett auskühlen lassen. Dann auf einen Tortenboden oder Teller geben und für mindestens vier Stunden in den Kühlschrank stellen.

Apfelcrumble

(für vier Soufflé-Formen)

Zutaten:
250 g glutenfreies Mehl
(Buchweizen/Hafer/Braunhirse)
½ TL Backpulver
125 g Kokosfett, flüssig
125 g Kokosblütenzucker
ca. 1 kg Äpfel

Zubereitung:
Äpfel würfeln und mit Zimt und etwas Zucker
erhitzen. Eventuell mit etwas Wasser zu einem
Kompott kochen.
Für den Crumble die trockenen Zutaten
vermischen und mit dem Kokosfett abbröseln.
Äpfel in vier feuerfeste Schüsseln verteilen und
darauf den Crumble streuen.
40 Minuten bei 180 Grad backen.

Tipp:
Für den Crumble eignen sich
auch andere Früchte wie
Moosbeeren, Birnen, ein
Beerenmix etc.

Semmel
(ergibt sechs Stück)

Zutaten:

4 – 5 Kartoffeln sollen am Ende 120 g gekochte
und geriebene Kartoffeln ergeben
160 ml Pflanzenmilch, warm
1 Stück Germ, frisch
3 TL Kokosblütenzucker oder ähnliches
90 g Hafermehl (Haferflocken, gemahlen)
80 g Reismehl
60 g Tapiokamehl/-stärke
3 TL Flohsamen
1 TL Salz

Zubereitung:

Die warme Pflanzenmilch mit dem Germ und
Zucker verrühren, bis alles aufgelöst ist. 10
Minuten zugedeckt stehen lassen – es wird
schaumig.
Salz mit den Kartoffeln vermengen und die Hefe-
Milchmischung sowie alle anderen Zutaten
dazugeben und verkneten. Den Teig in sechs
Stücke teilen und zu Semmeln formen. Auf ein mit
Backpapier ausgelegtes Backblech geben und
oben einschneiden. An einem warmen Ort 60
Minuten gehen lassen. Das Backrohr auf 180 Grad
vorheizen, eine feuerfeste Schüssel mit heißem
Wasser auf den Boden des Backrohrs stellen. Die
Semmeln ca. 25 Minuten backen.

Pizzateig

(für mindestens zwei Personen)

Zutaten:
160 g Buchweizenmehl
160 g Reismehl
2 EL Flohsamenschalen
1 TL Salz
1 EL Backpulver
2 EL Olivenöl
200 ml Wasser

Zubereitung:
Zuerst alle trockenen Zutaten vermengen, danach die Flüssigkeiten nach und nach hinzugeben und zu einem weichen, aber nicht klebrigen, Teig verkneten. Eventuell etwas Flüssigkeit weglassen oder mehr Mehl dazugeben.
Ein Backblech mit Backpapier auslegen und den Teig darauf ausrollen. Am besten mit einem Teigroller, den man ständig anfeuchtet, bearbeiten oder mit der Hand, die ebenso befeuchtet werden muss.
Im vorgeheizten Rohr bei 200 Grad 15 Minuten vorbacken. Danach belegen und 15 Minuten fertig backen.

Frittas

(für mindestens zwei Personen)

Zutaten:
800 g Gemüse (Zucchini, Kürbis, rote Rüben etc.)
180 Reismehl
2 große Zehen Knoblauch
Salz, Pfeffer und Öl für die Pfanne

Zubereitung:
Gemüse reiben. Sollte es sehr wasserhaltig sein (z. B. Zucchini): einsalzen, stehen lassen und ausdrücken. Restliche Zutaten dazugeben und zu einem Teig verkneten. Dünne Laibchen formen und in Öl ausbraten.

Nuggets

(für zwei Personen)

Zutaten:
200 g rote Linsen
1 EL Tomatenmark oder eine Alternative
2 Knoblauchzehen
1 Packung Backpulver
Salz, Pfeffer, etwas Sojasauce

Zubereitung:
Linsen über Nacht einweichen. Dann gut abspülen. Mit den restlichen Zutaten pürieren. Laibchen oder Nuggets formen und in einer Pfanne mit etwas Öl braten. Schmecken am besten heiß.

Bratlinge

(für mindestens zwei Personen)

Zutaten:
150 g Haferflocken
50 g Leinsamen, geschrotet
200 ml Gemüsebrühe
1 Zwiebel, gewürfelt
1 EL Öl
2 Knoblauchzehen
1 kleine Karotte
2 EL gehackte Nüsse
Salz, Pfeffer, Currypulver, Muskatpulver

Zubereitung:
Leinsamen und Haferflocken mit der
Gemüsebrühe und dem Öl vermischen und 10
Minuten ziehen lassen. Zwiebel, Knoblauch, Nüsse
fein hacken und in etwas Olivenöl anbraten.
Karotte reiben und alle Zutaten vermischen.
Laibchen formen und in Öl ausbraten.

Klubb (norwegische Kartoffelknödel)
(für mindestens zwei Personen)

Zutaten:
750 g rohe Kartoffeln
250 g gekochte Kartoffeln
200 g Buchweizenmehl
Salz, Pfeffer, Muskatnuss
Olivenöl für die Pfanne

Zubereitung:
Die rohen Kartoffeln schälen, grob reiben und mit
dem Mehl gut verkneten. Die gekochten Kartoffeln
dazureiben und alles gut vermischen. Mit Salz,
Pfeffer und Muskatnuss würzen.
Einen großen Topf mit Wasser und Salz aufsetzen.
Aus der Kartoffelmasse kleine Knödel formen und
in das kochende Wasser geben. Einmal aufkochen
und dann für rund 25 Minuten leicht köchelnd
ziehen lassen.
Die fertigen Knödel entweder gleich auf einem
Teller anrichten und mit etwas Olivenöl beträufeln
oder in einer Pfanne mit Olivenöl und weiteren
Zutaten, wie Tomatenwürfeln, schwenken.
Auch leicht angebraten, schmecken die Knödel
ausgezeichnet.

Tipp:
Aus dieser Masse lassen sich
auch Gnocchi herstellen.

Mohn-/Nussnudeln
(für drei Personen)

Zutaten:
1 kg Kartoffeln festkochend oder mehlig
400 g Buchweizenmehl
200 g Lupinenmehl
Kokosfett für die Pfanne
Mohn oder gemahlene Nüsse
Kokosblütenzucker oder etwas anderes zum
Süßen

Zubereitung:
Die Kartoffeln bei 180 Grad im Ofen für ca. eine
Stunde garen. Dann schälen und in eine große
Schüssel reiben. Beide Mehlsorten dazugeben und
zu einem Teig verkneten.
Den Teig in mehrere Teile portionieren und
Schupfnudeln formen. In leicht gesalzenem
Wasser so lange kochen, bis sie obenauf
schwimmen.
In einer Pfanne das Kokosfett verflüssigen, Mohn
oder Nüsse sowie die Süße dazugeben und die
gekochten Schupfnudeln untermischen.

Riegel

Zutaten für Nuss-Kokos-Riegel:

200 g Datteln
100 g Mandeln
50 g Cashewkerne
50 g Kokosflocken
2 EL Kokosfett flüssig

Zubereitung:

Die Mandeln, Cashewkerne und Kokosflocken im
Mixer mahlen. Datteln mit dem flüssigen Kokosfett
pürieren und diese beiden Massen mit den
Händen vermischen.
Die Masse dann in eine mit Backpapier ausgelegte
Form einen Zentimeter hoch hinein streichen.
Im Kühlschrank für eine Stunde fest werden lassen
und in Riegel schneiden.

Zutaten Cashew-Dattel-Riegel:

200 g Cashewkerne
200 g Datteln

Zubereitung:

Cashewkerne mahlen, Datteln pürieren und
miteinander vermengen. In eine mit Backpapier
ausgelegte Form einen Zentimeter hoch hinein
streichen. Im Kühlschrank für eine Stunde fest
werden lassen und in Riegel schneiden.

Chiapudding

(für mindestens zwei Personen)

Zutaten:
600 ml Pflanzenmilch
200 ml heißes Wasser
100 g Chiasamen

Zubereitung:
Chiasamen mit heißem Wasser übergießen und
unter ständigem Rühren die Milch dazugeben.
Im Kühlschrank über Nacht auskühlen lassen.
Anfangs immer wieder einmal durchrühren.

Tipp:
Die Hälfte der Chiasamen
können durch geschrotete
Leinsamen ersetzt werden.

Blinis/Pancakes
(für vier Personen)

Zutaten:
140 g Buchweizenmehl
60 g Speisestärke
2 TL Backpulver
1 Messerspitze Salz
½ TL Vanille, gemahlen
2 EL Kokosblütenzucker (kann auch weggelassen werden)
280 ml Pflanzendrink
20 ml Essig
1 EL Öl

Zubereitung:
Zuerst die trockenen Zutaten vermengen und dann die Flüssigkeiten dazugeben. Zu einem Teig verrühren und in einer Pfanne mit etwas Öl kleine Küchlein ausbraten.

Tipp:
Schneidet man kleine Apfelstücke in den Teig, hat man kleine Apfelkiachln. Mit Moosbeeren im Teig gleichen sie den Moosbeernockerln.

Coleslaw

(für vier Personen)

Zutaten:
½ Kopf Weißkraut
250 g Karotten
1 Zwiebel
1 Knoblauchzehe
Salz, Pfeffer
1 EL Essig
vegane Mayonnaise, wie im Rezept dafür
beschrieben

Zubereitung:
Das Weißkraut in sehr feine Streifen schneiden
oder reiben. Einsalzen, etwas ziehen lassen und
dann ausdrücken.
Karotten grob raspeln. Zwiebel vierteln und in feine
Streifen schneiden. Diese kann man in kochendes
Wasser geben, einmal aufkochen lassen und
abseihen. Der Salat wird dann bekömmlicher.
Knoblauch fein hacken und alle Zutaten
zusammenmischen. Den Essig und die vegane
Mayonnaise dazugeben. Diese jedoch nur kurz
unterheben.
Kurz im Kühlschrank ziehen lassen und genießen.

Sauce nach Esterhazy-Art

(für mindestens zwei Personen)

Zutaten:
500 g Zucchini
2 Zwiebeln
4 EL Olivenöl
1 TL Salz
4 Zehen Knoblauch
400 ml Pflanzenmilch
8 EL Hefeflocken
4 EL Kapern mit Sud
3 EL Essig
2 TL Oregano oder Ähnliches
3 EL Senf

Zubereitung:
Zucchini und Zwiebeln würfeln. Zwiebeln glasig andünsten, Zucchini dazugeben, mit Salz würzen und drei Minuten braten.
Gemüse mit Essig ablöschen, die Pflanzenmilch aufgießen und die Hefeflocken unterrühren. Fünf Minuten köcheln lassen.
Knoblauch hacken und mit Senf, Kräutern sowie den halbierten oder ganzen Kapern zur Sauce geben. Bei niedriger Hitze zwei Minuten ziehen lassen.
Schmeckt hervorragend zu einem gebratenen Gemüse wie Chinakohl oder auch als Eintopf.

Tipp:
Nimmt man nur die Hälfte der Zutaten, eignet sich diese Sauce auch als Pastasauce.

Gemüse im Backteig aus dem Ofen
(für zwei Personen)

Zutaten:

1 großer Karfiol oder ein anderes Gemüse nach Wahl, außer Zucchini und Auberginen, da diese zu viel Wasser abgeben würden
100 g Kichererbsenmehl
180 ml Pflanzenmilch
60 ml Wasser
2 Knoblauchzehen, fein gehackt
2 TL Paprikapulver edelsüß
Salz, Pfeffer
Nussmus, Olivenöl

Zubereitung:

Gemüse waschen und in mundgerechte Stücke schneiden. Die anderen Zutaten zu einem Teig verrühren. Backrohr auf 180 Grad vorheizen und das Backblech mit Backpapier auslegen.
Das Gemüse etwas salzen und mit dem Teig ummanteln oder bedecken. Dann entweder 45 Minuten backen oder 25 Minuten vorbacken und mit einer Mischung aus Olivenöl und Nussmus oder einer anderen Sauce bestreichen und 25 Minuten fertig backen.

Rohkostboden

(für eine kleinere Form)

Zutaten:
200 g Mandeln oder Nüsse, gemahlen
100 g Datteln oder Pflaumen oder getrocknete Marillen
1 EL Marmelade oder 2 EL Honig oder eine andere Flüssigkeit
eventuell 1 TL Zimt

Zubereitung:
Die Früchte mit der Flüssigkeit pürieren und mit den gemahlenen Nüssen oder Mandeln vermischen.
In eine Kuchen-/Tortenform drücken und kühl stellen.
Der Boden muss nicht gebacken werden. Darauf lassen sich z. B. Cremes geben.

Tipp:
Aus der Masse lassen sich auch Kugeln formen, die man in Kokosflocken oder anderen Bröseln wälzen kann. Im Nu hat man leckere Energiekugeln.

Schoko-Mousse

(für zwei Personen)

Zutaten:
2 Avocados
2 EL Kakao
Ahornsirup, Honig oder etwas anderes zum Süßen

Zubereitung:
Avocados aus der Schale nehmen und mit Kakao
und der Süße pürieren. Kühl stellen und genießen.
Schmeckt für ein Schoko-Mousse sogar leicht
erfrischend.

Polenta-Schmarren mit karamellisierten Äpfeln

(für zwei Personen)

Zutaten:
½ Zitrone
250 ml Pflanzenmilch
25 ml Sonnenblumen- oder Rapsöl
1 Packung Vanillezucker
20 g Kokosblütenzucker oder eine Alternative
100 g Polenta (Grieß ist auch möglich)
200 g Äpfel
25 g Kokosblütenzucker oder eine Alternative

Zubereitung:
Das Backrohr bei Ober-/Unterhitze auf 180 Grad vorheizen.
Für den Schmarren die Milch mit dem Saft und der Schale einer halben Zitrone, dem Öl sowie dem Vanillezucker und Zucker aufkochen. Die Polenta einrühren, bis sie cremig ist.
Ein kleines Reindl mit Öl ausstreichen, die Masse einfüllen und im Rohr für 15 Minuten backen.
Wenn die Form aus dem Ofen kommt, die Polenta in mundgerechte Stücke teilen und etwas auskühlen lassen.
Die Äpfel vom Kerngehäuse befreien und in mundgerechte Spalten schneiden. Eine Pfanne stark erhitzen und den Zucker hineingeben. Wenn der Zucker geschmolzen ist, die Apfelstücke dazugeben, durchmischen. Die Polentastücke hinzufügen, nochmal durchschwenken, anrichten und genießen.

Hirselaibchen

(für mindestens zwei Personen)

Zutaten:
100 g Hirse
400 ml Wasser
Saft und Schale einer halben Zitrone
250 g Gemüse (Suppengemüse)
2 EL Lupinenmehl mit 4 EL Wasser gemischt
Salz, Pfeffer, Muskatnuss

Zubereitung:
Das Gemüse in ganz feine, kleine Würfel
schneiden. Reiben wäre nicht so gut, da das
Ganze dann zu wässerig werden würde.
Das Gemüse und die Hirse in einem großen Topf
leicht anbraten. Mit dem gesamten Wasser
aufgießen und köcheln lassen.
Normalerweise lässt man die Hirse noch 10
Minuten fertig quellen. Hier aber wird die Hirse
fertig gekocht, da sie so noch mehr Bindung
bekommt.
Die Hirse-Gemüsemischung nach Geschmack
würzen. Das Lupinenmehl mit Wasser vermischen
und unter die Masse rühren.
In einer Pfanne Öl erhitzen. Kleine Teigmengen in
die Pfanne geben und die Laibchen anbraten. Erst
wenden, wenn sie oben fest sind.
Dazu passt eine leichte Sauce oder einfach nur
eine Schüssel Salat.

Buchweizen-Tortillas/Buchweizenfladen
(für mindestens zwei Personen)

Zutaten:
450 g Buchweizenmehl
250 g lauwarmes Wasser
60 g Öl
1 Packung Backpulver
2 TL Salz

Zubereitung:
Alle trockenen Zutaten vermischen, dann die
flüssigen dazugeben und zu einem Teig kneten.
Das Buchweizenmehl nimmt viel Wasser auf,
eventuell muss mehr Wasser, als angegeben,
hinzugefügt werden. Der Teig soll weich sein.
Dann gibt es zwei Möglichkeiten:
Den Teig in acht gleiche Stücke teilen, dünn
ausrollen und in der Pfanne von beiden Seiten
kurz braten. Öl ist dafür kaum notwendig.
Den Teig ebenso achteln, aber dann
handtellergroße Fladen formen und in der Pfanne
von beiden Seiten etwas länger braten.
Die Tortillas kann man füllen und einrollen. Die
Fladen kann man beliebig belegen.

Ein Fahrplan zum Schluss

1. Kauft regional ein.
2. Verwendet saisonale Lebensmittel.
3. Kauft keine Eigenmarken.
4. Esst keine Fertigprodukte, die Aromen oder andere chemische Zusätze enthalten.
5. Versucht generell auf Fertigprodukte zu verzichten.

6. Lasst alle Produkte im Regal liegen, deren Inhaltsstoffe ihr nicht sofort flüssig lesen könnt.
7. Kocht selber.
8. Weniger ist mehr.
9. Seit kreativ.
10. Verwendet Dinge anderweitig wieder (Stichwort Upcycling), Schraubgläser zum Beispiel.
11. Wertschätzt die Lebensmittel.
12. Hört auf euren Körper.
13. Achtet die Umwelt und die Tiere.
14. Seit auch misstrauisch und hinterfragt Dinge.

Schlusswort und Dankeschön

Seitdem Julia und ich uns vegan ernähren, fühlen wir uns frischer, kraftvoller, energiegeladener und wir schlafen besser.

Unsere Haut ist rein und wir sind sehr selten krank. Auch unser Blutbild ist top, wie uns unser Arzt bestätigte. Julia ist heute fast völlig beschwerdefrei. Nur noch selten reagiert ihr Haut allergisch, aber auch nur dann, wenn sie einen unverträglichen Inhaltsstoff überlesen hat.

Auch unser Hund ist pumperlgsund.

Vegan zu leben, ist für uns nach über vier Jahren selbstverständlich geworden. Es macht Spaß und der Zusammenhalt mit Gleichgesinnten ist ein ganz besonderer.

Ist es nicht erstrebenswert, dass jeder auf sein Zuhause achtet? Wir leben in unserem Körper und auf den sollten wir aufpassen, denn wir haben nur diesen einen.

Wir möchten allen Danke sagen, die dieses Buch gekauft, geliehen und gelesen haben.

Ich möchte auch meiner Frau danken, die es mit einer Engelsgeduld hinnahm, dass ich Tage vor dem Laptop saß und an diesem Buch schrieb.

Auch bedanke ich mich bei Rocket, unserem Hund, der einige Spaziergänge ohne mich unternehmen musste.

Danke Julia-Mama, dass du uns vegane Weihnachtskekse gebacken hast, die so lecker sind, dass es die anderen gar nicht braucht.

Julias Mama meint sehr oft: „Ist ja nur ein Ei drinnen." oder „Ist ja nur Milch."

Ja Mama, auch für die geringsten Mengen leiden Tiere.

Danke an alle Menschen, die durch eine Umstellung ihrer Lebensweise zu einer Welt ohne Leid, Not und Katastrophen beitragen!

Anmerkungen:

1:

https://www.dzg-online.de/files/2016_05_stellungnahme_hafer_dzg.pdf

2:

Bas Kast: Der Ernährungskompass – Das Fazit zu allen wissenschaftlichen Studien zum Thema Ernährung: Seite 113 Abb. 4.1

3:

Bas Kast: Der Ernährungskompass – Das Fazit zu allen wissenschaftlichen Studien zum Thema Ernährung: Seite 116

4/5:

https://eatsmarter.de/lexikon/warenkunde/fette/olivenoel
https://www.openscience.or.at/hungryforscienceblog/ist-natives-olivenoel-zum-braten-geeignet/

6:

https://www.ugb.de/artikel/Lupinen/

7:

https://www.dge.de/presse/pm/wie-viel-protein-brauchen-wir/

8:

Die Angaben stammen von den Internetseiten von Alnatura, Bioking, Mühlviertler Ölmühle, Utopia, Urkornhof, EatSmarter! und https://fdc.nal.usda.gov/

9:

Alle Informationen über die Lebensmittel aus diesem Kapitel wurden unter anderem über EatSmarter! zusammengetragen.

10:

https://eatsmarter.de/blogs/natuerlich-besser/mehr-energie-diese-vitamine-helfen

11:

https://www.gesundheit.gv.at/leben/ernaehrung/info/vitamine-mineralstoffe/wasserloesliche-vitamine/vitamin-b2

12:

Kathrin Hartmann: Die Grüne Lüge, ab Seite 125
Vortrag von Magdalena Glasner, Gründerin & Betreiberin der Vorratskammer seit 2015 und Bildungsreferentin für nachhaltige Ernährung & Lebensweise
https://eatsmarter.de/ernaehrung/news/bio-siegel
https://konsum.greenpeace.at/guetezeichen-ergebnisse/
https://www.global2000.at/guetesiegel-check

13:

https://www.zentrum-der-gesundheit.de/ernaehrung/lebensmittel/milchprodukte/ungesunde-milch-ia und Bas Kast: Der Ernährungskompass – Das Fazit zu allen wissenschaftlichen Studien zum Thema Ernährung: Seite 196

14:

Unter anderem, Film: „Bauer unser" Regie Robert Schabus, Produktion Helmut Grasser

15:

https://www.vetmeduni.ac.at/hochschulschriften/diplomarbeiten/AC12256171.pdf

Zeitfracht Medien GmbH
Ferdinand-Jühlke-Straße 7
99095 Erfurt, Deutschland
produktsicherheit@kolibri360.de